杜威著作精选

刘放桐　陈亚军　主编

学校与社会

〔美〕约翰·杜威 ◎ 著
刘时工 ◎ 译

华东师范大学出版社

图书在版编目(CIP)数据

学校与社会/(美)约翰·杜威著;刘时工译.—上海:
华东师范大学出版社,2019(杜威著作精选)
ISBN 978-7-5675-8616-1
Ⅰ.①学… Ⅱ.①约…②刘… Ⅲ.①实用主义教育-思想-美国-现代 Ⅳ.①G40-06
中国版本图书馆 CIP 数据核字(2019)第 020114 号

杜威著作精选

学校与社会

著　　者　(美)约翰·杜威
译　　者　刘时工
责任编辑　朱华华
责任校对　王丽平
装帧设计　卢晓红

出版发行　华东师范大学出版社
社　　址　上海市中山北路 3663 号　邮编 200062
网　　址　www.ecnupress.com.cn
电　　话　021-60821666　行政传真 021-62572105
客服电话　021-62865537　门市(邮购)电话 021-62869887
地　　址　上海市中山北路 3663 号华东师范大学校内先锋路口
网　　店　http://hdsdcbs.tmall.com

印　刷　者　上海展强印刷有限公司
开　　本　890×1240　32 开
印　　张　4.5
字　　数　74 千字
版　　次　2019 年 5 月第 1 版
印　　次　2019 年 5 月第 1 次
书　　号　ISBN 978-7-5675-8616-1/G·11717
定　　价　35.00 元

出版人　王　焰

(如发现本版图书有印订质量问题,请寄回本社客服中心调换或电话 021-62865537 联系)

Schools of To-Morrow
School and Society
Human Nature and Conduct
Democracy and Education
Reconstruction in Philosophy
Psychology
The Quest for Certainty
The Public and its Problems
Art as Experience
Ethics
How We Think
Experience and Nature

目录

主编序 / 1

出版者说明 / 4

作者说明 / 6

第一章　学校与社会进步 / 1

第二章　学校与儿童生活 / 20

第三章　教育中的浪费 / 41

第四章　大学初等学校的三年 / 62

第五章　初等教育心理学 / 75

第六章　福禄培尔教育原理 / 91

第七章　关于作业的心理学 / 104

第八章　注意力的发展 / 110

第九章　初等教育中历史教学的目标 / 119

修订版译后记 / 127

主编序

在杜威诞辰160周年暨杜威访华100周年之际,华东师范大学出版社推出《杜威著作精选》,具有十分重要的纪念意义。

一百年来,纵观西方思想学术发展史,杜威的影响不仅没有成为过去,相反,随着上世纪后半叶的实用主义复兴,正越来越受到人们的瞩目。诚如胡适先生所言:"杜威先生虽去,他的影响永远存在,将来还要开更灿烂的花,结更丰盛的果。"

在中国,杜威的命运可谓一波三折。只是在不远的过去,国人才终于摆脱了非学术的干扰,抱持认真严肃的态度,正视杜威的学术价值。于是,才有了对于杜威著作的深入研究和全面翻译。

华东师范大学出版社历来重视对于杜威著作的翻译出版,此前已推出了《杜威全集》(39卷)、《杜威选集》(6卷)的中文版,这次又在原先出版的《全集》的基础上,推出《杜威著作精选》(12种)。如此重视,如此专注,在国内外出版界都是罕见的,也是令人赞佩的。

或许读者会问,既有《全集》、《选集》的问世,为何还要推出《精选》?我们的考虑是:《全集》体量过大,对于普通读者来说,不论是购买的费用还是空间的占用,均难以承受。而《选集》由于篇幅所限,又无法将一些重要的著作全本收入。《精选》的出版,正可以弥补《全集》和《选集》的这些缺憾。

翻译是一种无止境的不断完善的过程,借这次《精选》出版的机会,我们对原先的译本做了新的校读、修正,力图使其更加可靠。但我们知道,尽管做了最大努力,由于种种原因,一定还会出现这样那样的问题。我们恳切地希望各位方家不吝赐教,以使杜威著作的翻译臻于完美。

最后,我们要特别感谢华东师范大学出版社王焰社长,感谢朱华华编辑。杜威著作的中文翻译出版,得到了华东师范大学出版社一如既往的大力支持,朱华华编辑为此付出了很多的心血。没有这种支持和付出,就没有摆在读者面前的这套《杜威著作精选》。

刘放桐　陈亚军
2019 年 1 月 28 日于复旦大学

Schools of To-Morrow
School and Society
Human Nature and Conduct
Democracy and Education
Reconstruction in Philosophy
Psychology
The Quest for Certainty
The Public and its Problems
Art as Experience
Ethics
How We Think
Experience and Nature

出版者说明

[刊于1899年第1版第1印次]

  本书的前三章是1899年4月向对大学初等学校感兴趣的家长和其他人所作的讲座。杜威先生根据速记记录作了部分修改,其他一些因出版需要而作的无关紧要的改动和细微修正未经杜威先生过目。因此,讲座保留了未经字斟句酌的特点和口语的语气。由于杜威先生的补充说明或多或少与初等学校相关,因此,也附在这里。

作者说明

AUTHORS'S NOTE

[刊于《学校与社会》第1版第2印次]

本书再次印刷之际，我要向许多参与合作和支持的人们表达我的感激之情。埃蒙斯·布莱恩(Emmons Blaine)夫人为本书作出的贡献，已经在题词中得到了部分说明。在我离开期间，我的朋友乔治·赫伯特·米德(George Herbert Mead)夫妇以对细节持续不减的关注和艺术家的品位重塑了口语化的文字，直到该书适于出版。结果可以看到它成为这样一种迷人的成果——即它具有流畅易读的形式。对此，我经常向别人提及拥有这样的朋友是一生的幸运。

实验学校激发并确定了书中所呈现的观点。篇幅所限，不允许我把所有为实验学校的建立付出及时而慷慨努力的朋友都列举出来。在这些朋友中，我相信，大家会非常赞同我特别提到查尔斯·克莱恩(Charles R. Crane)夫人和威廉·林恩(William R. Linn)夫人两个人的名字，承认她们作出的贡献是尤为合适的。

学校本身的教育工作是一项共同的事业，许多人投身于这项事业中。我妻子清晰而富有经验的思维，体现在学校组织的方方面面。学校教育者的智慧、技巧和热情，使学校从最初一堆杂乱的计划转变为具备清楚的形式与有自己生命和活动的实体。不管本书提出何种观念问题，都是在扩展儿童生活的工作中通过多种思想和行为的协作而解决的。

1900年1月5日

[刊于《学校与社会》第2版]

本版对组成著作前半部分的三篇讲座作了一些字词上的细微改动。著作的后半部分是首次收录的文章,其中部分来自作者给《初等学校纪要》(*Elementary School Record*)的投稿材料,并做了一些改动,这个杂志已绝版很久了。

也许可以允许作者本人用一句话来表达他的满意,本书中的教育观点已经不像15年前那么新颖了;他愿意相信,本书作为教育实验的一个结果,在变革中是有影响力的。

1915年7月

第一章 学校与社会进步

我们很容易从个人主义的角度,把学校看成是教师和学生或教师和家长之间的某种东西。令我们最感兴趣的,自然是我们所熟悉的孩子所取得的进步:他的体格的正常发展,在读、写、算方面能力的提高,地理和历史知识的增长,礼仪以及敏捷、守秩序和勤奋习惯的改进——我们正是根据诸如此类的标准来判断学校的工作成效。这种方法是正确的,但眼界需要扩大。最优秀最明智的父母对子女的期望,也一定是社会对全体儿童的期望。对于我们学校的任何其他的期望,都是狭隘和不妥的;如果依此行动,必定会破坏我们的民主。社会通过学校机构,把自己所成就的一切交付给它未来的成员来安排。社会希望借助新的可能性而实现所有更好的想法,从而为自己开辟未来。在这里,个人主义和社会主义重合在一起。社会只有致力于构成它的所有个体的充分发展,才有机会忠实于自己。而且,在如此给定的自我指导上,没有什么比学校起的作用更大,因为正如霍勒斯·曼(Horace Mann)所说的,"事物初生之处,一个开创者胜过一千个跟随者"。

无论何时,一旦我们讨论教育中的新运动,采用更广阔的或社会的视点变得尤为必要。否则,学校制度和传统方面的变革将被看作是某个教师心血来潮的发明,往坏的方面说,这是变化的时尚;往好的方面说,最好的不过是某些细节上的改善——这是一个我们在考虑学校变革时习惯性采取的观点。这就像把机车或电报当作个人的发明一样,具有合理性。教育方法和课程上的修改,既是一种变化的社会情境的产物,也是为了满足正在形成的新社会的需要而付出的努力,就像在工业和商业模式中所发生的改变一样。

因此,对于这个问题,我要特别提请读者注意:根据社会上的重大变化,努力设想大体上可称之为"新教育"的涵义。我们能把这一"新教育"和事件的一般进程相连吗?如果我们这么做,"新教育"将会消除与社会隔离的特征;它将不再是一个仅仅从具有非凡才智的教育者处理特定学生而引出的事件。它将表现为整个社会进化的部分和片段,而且,至少在其更普遍的特征上,它是必然的。我们于是来探讨社会运动的主要方面;然后转向学校,以发现它为跟上社会运动而付出了何种努力。既然覆盖整个基础是绝不可能之事,大部分情况下,我将把自己限定在现代学校运动中的一个典型事件上——即在手工训练名称下所进行的事——如果这件事和被改变的社会条件的关系得以显现的话,我们将易于承认关于其他教育改革的要点。

我对未能详细处理正在谈论的社会变化不作辩解。我本应提及的变化如此显著,甚至连快步闪过的人都能察知。我首先想到的是笼罩甚至控制了所有人的变化,即工业上的变化——科学的应用带来了大规模、廉价地利用自然力的巨大发明;以生产为目的,世界市场、供应这个市场的大规模制造中心,以及遍布各地的便宜而快捷的交通工具和分配途径,正在发展起来。从最初产生之日算起，到今天为止，这一变化也不超过一个世纪之久；在其许多最重要的方面，它仍处于继续发展的时期。人们很难相信，在历史中曾有过如此迅猛、宽广而彻底的革命。经过这场革命，地球的面貌发生了变化，甚至波及了地球的物理形态；政治边界或被抹去或被移动，似乎它们真的仅仅是地图上的一些线条；人口从大地的尽头匆匆聚拢到城市；生活习惯正在发生着令人惊异的急速全面的变化；对自然真理的寻求被无限地刺激和推动起来，而自然真理在生活中的应用不仅成为可能，而且成为商业的必需。甚至我们关于道德和宗教的观念和兴趣，位于我们本性最深处而最具保守性的事物，都受到了深刻的影响。因此，认为除了形式和表面风格以外，这一革命不会影响到教育的其他方面——这简直是不可想象的事。

工厂制度之前是家庭和邻里制度。今天的人们只需回溯到一代、两代或至多三代，就会发现那个时代的典型工作实际上是在家庭中开展的，或者簇集在它的周围。穿的衣服绝大部分都是在家庭中缝制的，通常，家庭成员都熟悉剪羊毛、纺线、踏织布机的活计。整个照明的过程不是按开关、开电灯这样简单轻松的事，而是从宰杀牲畜到炼制油脂、到制作灯芯、再到浸入蜡烛等一系列辛苦而漫长的工作。面粉、木柴、食品、建材、家具，甚至钉子、折叶、锤子等五金，都由左邻右舍生产，在可随时走入、一览无余的店铺里出售。这些店铺常常是邻里们汇集的中心。整个工业过程从原材料在农场中的生产到最后的产品投入使用,完全暴露在人们的眼前。不仅如此,实际上,家庭的每个成员都分担一部分工作。随着体力和能力的提高,儿童渐渐被教以几个工序的窍门。这事关当下的、个人关注的问题,甚至到了实际参与的程度。

我们不能忽略这种生活中所包含的纪律和品格塑造的因素:在秩序和勤奋的习惯方面的训练,在责任心和做某事、制造某物的义务的观念方面的训练。总有确实应该去做的事情,需要家庭的每一成员忠实履行自己的职责,并与其他成员相合作。在行动中生效的人格,通过行动的中介得到培养、受到检验。再次重申,为了教育的目的,我们不能忽视直接接触自然的重要意义,不能忽视直接面对真实的事物和素材,不能忽视亲自参与到支配它们的实际过程并了解它们的使用和社会必要性的重要意义。在所有这些活动中,通过与现实的亲密接触,可以不断培养一个人的观察力、才智、建设性的想象力、逻辑思维和现实感。家庭纺织、锯木工场、磨坊、制桶工厂和铁工场等工作的教育力量在持续不断地发挥着作用。

为灌输知识而组织的实物教学不管有多少,决不能代替关于农场和田园有关动植物的直接知识,这种直接知识是在和动植物亲密相处并照料它们的过程中获得的。学校中为训练的目的而开设的感官训练的学科,永远无法与在熟悉的职业生涯中所表现出的感觉-生活的生动和丰富相媲美。执行任务可训练语言记忆,科学和数学课程可提供推理能力的训练;但是,怀着真实的动机期待着真实结果的出现而行事,注意力和判断力在这种过程中获得的训练毕竟远远胜于通过上述课程得到的训练。课程的训练,毕竟是间接和空洞的。今天,工业的集中化和劳动力的分化已经在事实上取消了家庭工作和邻里工作——至少是取消了为教育目的而设立的家庭职业和邻里职业。但是,哀叹儿童谦虚、质朴、绝对服从的美好岁月一去不复返是无用的,我们无法仅凭叹息和劝说而使过去的好时光重新回来。环境发生了根本的变化,教育唯有发生同样根本的变化才足以应对。我们必须重视需要为此作出的补偿——宽容精神的增长,社会见识的扩大,对人性的进一步了解,从外在的表现识别人的性格和判断社会环境的敏锐性,准确地适应不同的人格和接触更多的商业活动。考虑这些,对于今天城市里成长的儿童意义重大。但是,也存在一个实际问题,即我们如何留住这些优势,怎样把反映生活另一面的东西——要求个人负责和培养儿童与外界现实生活有关的各种作业——引入学校中来呢?

当我们把目光转向学校,就会发现,当前最为显著的一个趋势是所谓手工训练、店铺劳作以及诸如缝纫和烹饪等家庭工艺的引入。

这不是怀着一定要现在的学校提供从前家庭中所提供的

训练要素的明确意识而"有目的地"所为的,而是借着本能,通过实验,发现这一工作能为学生们提供有效的支持,给予他们一些任何其他途径所不可能给予的东西。对这一工作的真正重要性的意识还是如此微弱,乃至于此项工作仅是以三心二意的、混乱的和互不相关的方式在进行。同时,为此项工作提供的论证很不充分,甚至常常是错误的。

如果我们盘诘那些即使是最乐于把此项工作引入学校系统的人们,我想,我们通常会发现,其主要理由是此项工作能吸引儿童们的自发兴趣和注意力。它能使他们主动、积极和保持活力,而不是消极和被动接受;它能使他们更有用、更有能力,因此,在家庭中更能帮得上忙;在某种程度上,它是他们以后生活的实践职责的准备——女孩成为更有效的家庭管理者,如果不是厨师和裁缝的话;男孩(如果我们的教育体系只是停留在职业学校层面的话)为他们未来的职业作准备。我不想低估这些理由的价值。对于儿童们改变态度的问题,我将在下次直接讨论学校和儿童关系的讲座中发表看法。但总体来说,这些观点是不必要的、牵强的。我们必须把木工和铁匠、缝纫和烹饪当作生活和学习的方法,而不是刻意的研习。

我们必须从社会意义的角度把它们看作社会借以存在的过程的形式,看作使儿童明了共同体生活的必要手段,看作人类以不断增长的洞见和才智满足上述这些需要的方式;简言之,看作借此使学校成为真正活跃的共同体生活的工具,而不是留置出来作为课程学习的场所。

所谓社会,就是以共同的精神为共同的目标而共同劳作的一群人。共同的需要和目标,要求思想的不断交流和感情的和谐一致。现在的学校不能将自身组织为一个自然的社会单元,其主要原因就在于缺乏这种共同的要素和生产活动。在操场上,在游戏和运动中,社会组织自发地和必然地产生。某事要完成,某种活动要进行,这就需要劳动力的自然分工、选择领袖和跟随者、互相合作和竞争。学校缺少社会组织的动机和凝聚力。从伦理层面来看,现在学校可悲的弱点是它试图在社会精神条件奇缺的情况下培养社会秩序的未来成员。

当各种作业成为学校生活的明确核心时,由此显现出来的差异不容易用言语来描述;这是一种在动机、精神和氛围上的差异。当一个人走进一间一群孩子正积极地张罗食品的忙乱厨房时,其心理的差异,即从多少有点被动、呆板的接受和拘谨状态向活跃开朗、热力四射的精神状态的转变是如此的明显,以至于在表情上会不自觉地表现出来。实际上,对于那些对学校有刻板固定印象的人来说,这一变化肯定颇为震撼。但是,社会态度方面的变化同样是显著的。只吸取事实和真理是一件极具排他性的个人事件,与人的自私性特征只有一线之隔。缺乏鲜明的社会动机而只追求学识的获得,即使有了成绩,也不能给社会带来明显的益处。实际上,衡量成功的唯一标准是一个竞争性的标准,而且是在竞争这一概念的坏的意义上而言的,即通过比较背诵的结果或考试的结果,看哪个儿童在积累最大信息量方面能成功地领先于其他的儿童。这一风气影响之大,甚至使一个儿童在学习任务上帮助另一个儿童变成一种犯罪。当学校的工作仅仅是学习课程,互相帮助就不是最自然的合作和联合形式,而变成解除邻里的职责的秘密行为。当积极工作在进行的时候,所有这一切发生了改变。帮助他人不是一种使接受者更加依赖别人的施舍形式,而仅仅是一种帮助,使得被帮助者焕发活力、激扬斗志。自由的交往,观点、建议和结果的交流,包括之前成功和失败的经验,成为课堂练习的主要特征。引入竞争不是为了比较每一个体所吸收的信息量,而是为了比较已经完成工作的质量——这是真正的共同体的价值标准。学校生活以一种非正式但更为通行的方式在社会基础上组织起来。

学校的训练或秩序的原则就存在于这一组织中。当然,秩序只是与某一目的相关的东西。如果你的目的是想让40—50个儿童学习某些现成的课程,并在教师面前背诵出来,你的训练方法必须旨在获得这一结果。但是,如果你的目的是发展社会合作精神和共同体生活精神,那么你设立的训练必须脱胎于这个目的并与之相关。事物形成的过程中尚不存在什么秩序,忙乱的工厂必定存在一定的无序,沉寂是不存在的;人们不会专注于保持某种固定的身体姿势,他们不是双臂交叉、正襟危坐的,不会捧着他们的书本,如此等等。他们做着种种不同的事,因而有种种的混乱和喧扰。但是,从职业中,从可产生结果的行事中,从以社会化的和合作的方式的这类作为中,诞生了一种自成一体的训练方式。当我们获得这一观点的时候,学校训练的整个观念都发生了变化。在重要关头,我们都认识到,支持我们的唯一训练转化为直觉的唯一训练,是通过生活本身而得到的。我们从经验中学习,从仅仅只是与经验有关的书本或他人的言论中学习。但是,学校却被如此分化出来,被如此从日常环境和生活动机中孤立出来,以至于儿童们被送去接受训练的地方变成世界上最难获得经验的地方——而经验配得上全部训练的发源地这一名称。只有当一种传统学校训练的狭隘僵化的形象占上风的时候,才会有忽视更深入和范围更广的训练的危险。这种更深入和范围更广的训练,来自对建设性工作的参与。这种建设性工作的成果在形式上是明确可见的,通过这一形式可确定人们的责任,并获得精确的判断。

这样,我们在把各种形式的主动作业引入学校的时候,需要记住的重要一点是:通过这些主动作业,学校的整个精神得到了更新。学校有机会把自己与生活连接在一起,成为儿童的家;在这里,儿童们通过直接的生活而学习。学校也不再仅仅是一个学习课程的地方,而那些课程与将来可能要从事的生计活动只有抽象、间接的关联。学校有机会成为一个微型的共同体、一个雏形的社会。这是一个根本的事实，从中可得到连续不断和秩序井然的教学。在我们前面描述的工业制度中，儿童毕竟不是为了参与工作而参与工作，而是为了产品而参与工作，由此得到的教育结果是真实的，但也是偶然和有条件的。但是，在学校中所采纳的典型的作业活动没有任何经济压力，其目的不是产品的经济价值，而是要发展儿童的社会能力和洞察力。正是在单纯的效用中的解放，正是向人类精神可能性的开放，使学校中的这些实践活动成为艺术的伙伴和科学、历史的中心。

所有科学的统一性可以在地理学科中找到。地理学的意义在于把地球看作人类职业活动的永久家园。与人类活动无关的世界，不是一个完整的世界。人类的勤劳和成就，离开了地球这个根据地，甚至连多愁善感都算不上，更难以给予一个名称。地球是人类全部事物的最终来源，是人类永久的庇护和安身之处，是人类全部活动的初级原料。人类全部的成就都是为了使它更为人性化和理想化。地球是广袤的原野，是丰富的矿藏，是热能、光能和电能的丰沛来源；地球上有浩瀚的海洋，有连绵的山峦，有无数条溪流，有一望无际的平原，我们的农业、矿业、林业、制造业只占用了其中很小的一部分。正是通过这种环境所决定的职业活动，人类才取得了历史进步和政治进步。正是通过这些职业活动，对自然的理智化和情感化解读才获得了发展。正是通过我们在世界中的作为和对世界的作为，我们才能阅读世界的意义和衡量世界的价值。

用教育的术语来说，这意味着学校中的作业活动不应该只是实践性的设计或一般职业的模式，以此获得作为厨师、裁缝或木匠更好的技术技能；而应该作为科学地去理解自然的材质和过程的活动中心。这是儿童开始认识人类历史发展的起点。这种作业的重要性，通过从学校的实际作业中的选取的例证，比一般性讨论能更好地证明它的现实意义。

对于一个认知水平一般的参观者来说，没有什么事情比让他看到一群10岁、12岁和13岁的男孩、女孩专心编织缝纫更令人惊奇了。如果从让男孩子为将来钉扣子、缝补丁做准备的角度来看待这件事，我们获得的只是一个狭隘和功利的观念——这一观念难以解释学校中的这种作业何以得到如此的重视。但是，如果从另一个角度来看待这件事，我们会发现，这种作业为孩子们提供了一个起点，从这里出发，他们可以追溯和继承历史中人类的进步，同时也可以了解工作中使用的材料和涉及的机械原理。把这些作业联系起来，就无异于把人类历史的发展过程重演一番。比如，首先给儿童一些原材料——亚麻、棉花以及刚从羊背上剪下的羊毛（如果我们把他们带到剪羊毛的现场，效果会更好），他们会对这些材料进行一番研究，看它们可以派上什么用场。举例来说，他们会对棉花纤维和羊毛纤维进行比较。直到孩子们告诉我以后，我才知道，与毛纺工业相比，棉纺工业发展得慢一些的原因是因为棉花纤维很难用手从棉铃里分离出来。一队孩子花了30分钟的时间从棉铃和种子中分离棉花纤维，最后成功分离出不到1盎司的棉花纤维。他们可以很容易地算出一个人用手一天只能分离出1磅纤维，因此，也就懂得他们的祖先穿毛纺衣服而不是棉纺衣服的原因。他们还发现，影响棉花实用效应的另外因素是棉花纤维比羊毛纤维短，棉花纤维的平均长度为三分之一英寸，而羊毛纤维的长度为三英寸；棉花纤维表面光滑不容易粘连，而羊毛纤维表面粗糙容易互相粘连，因此适于纺织。在教师的帮助和引导下，通过比较真实的原材料，孩子们自己得出了这一结论。

  接着，儿童按照必要的程序把纤维织成了布料。他们"重新发明"了梳理羊毛的第一台架子——两块上面有梳理羊毛的细尖顶针的木板。他们重新设计了纺织羊毛的最简单的流程——一个打孔的石片或其他别的什么重物，羊毛从孔中穿过，捻转石片时就能拉长羊毛；接下来，用一个陀螺，陀螺在地板上旋转；与此同时，孩子们把羊毛抓在手里慢慢拉长，并把羊毛缠在陀螺上。然后，按发明史上的顺序向孩子们介绍下一个发明，并试着把它造出来，由此体会这一发明的必要性，认识它在这一具体工业上的效果和对社会生活方式的影响——进而以这种方式回顾织布机发展到今天的整个历程。我不需要谈到这其中所涉及的科学——对纤维的研究，对地理特征的研究,对原料生长环境的研究,对制造和分配核心的研究,以及与生产机械相关的物理学研究;同样,我也不需要谈到历史方面——这些发明对人类的影响。你可以把全人类的历史浓缩在从亚麻、棉花和羊毛纤维做成衣服的演进史中。我不是说这就是唯一的或最佳的中心,但研究人类历史的某些真实而重要的途径确实因此得以展开——我们由此发现了比在通常的政治记载和编年记录中所显示出的更为基本和具有支配作用的影响力量。

儿童把棉花和羊毛的纤维用于纺织品这个例子的一些情况(当然,我只是提到了其中一两个基础性的方面),也同样适用于其他作业中所使用的原料和使用的流程。这种作业为儿童提供了真正的动力。它赋予儿童第一手的经验,使儿童进入与现实的关系中。它完成了这一切,但除此以外,它通过转化为历史与社会的价值和科学对等物而获得了自由。随着儿童心智在能力和知识方面的成长,它不再仅仅是一个令人愉快的作业活动,而是越来越变成理解事物的媒介、工具和手段——因此,得到了转化。

这个转而会影响科学的教学。在当今时代,所有的活动如果想要获得成功,必须得到科学专家的指导——这是应用科学的一个事实。这一关系应该决定它在教育中的地位。这种作业活动即学校里的所谓手工或工艺为引入科学提供了机会,因为科学能阐明作业活动,能使作业活动充实且富有意义,而不仅仅是手眼配合的事情；不仅如此，通过这种方式获得的科学洞察力还会成为自由而积极地参与现代社会生活必不可少的工具。柏拉图在某本著作中，把奴隶定义为其行为不是表达自己的观念而是表达别人的观念的人。方法、目的、理解应该存在于做工作的人的意识中，他的活动应该对他有意义——这是我们的社会问题，这一问题在现在甚至比在柏拉图时代更为紧迫。

当我们以这种宽广而丰富的方式看待学校的作业活动时，我对经常听到的反对意见感到迷惑不解而又束手无策。这种反对意见认为，这些作业活动不适合在学校进行，因为它们的倾向是唯物主义的、功利主义的，甚至是卑贱的。我经常会想，那些发表这些反对意见的人，一定是生活在另一个完全不同的世界。我们大多数人生活于其中的世界是这样一个世界，每个人都有一份职业或工作，都有一些事情要做。其中一些人是管理者，另一些人是下属。但是，不管是管理者还是下属，关键的一点是每个人都应该接受教育，通过这种教育，他能在自己的日常工作中找到全部重大的属于人的意义。今天有多少工人已经完全变成了他们所操作的机器的附庸！这或许有一部分原因可归咎于机器本身，或归咎于过分强调机器产品的社会体制；但是，更重要的原因在于这一事实：工人们没有机会发展他们的想象力和他们的同情的眼光，因此也就没有能力发现自己工作的社会和科学的价值。目前，居于工业体系基础的冲动，在学校阶段实际上要么被忽略,要么被扭曲了。除非建设和生产的本能在童年和青年时代被系统地抓住,除非以社会指向来训练它们,并以历史的解释来丰富它们,以科学的方法来控制和启发它们,否则,我们甚至无法确定经济罪恶的来源,更不用说有效地处理这些罪恶了。

如果我们把目光投向几个世纪以前,就会发现,那时存在着对学术的实际垄断。实际上,"拥有"学识是一件幸福的事。学术曾是一个阶级的事。这是社会条件的一个必然结果。大众没有任何接近知识资源的途径,知识被存储和秘藏在手稿中,需要用很长的时间和几经周折才能得到这些知识资源中很小的一部分。富有学识的高级教士阶层守护着真理的宝藏,而只在严格的限制下才向大众施舍一点知识。这些高级教士阶层正是这些条件的必然反映。不过,作为我们谈到过的工业革命的直接后果,这种情况已经发生了转变。印刷术发明了,知识资源被商业化了,书籍、杂志、论文成倍地增长,费用越来越便宜。由于机车和电报的发明和使用,出现了以邮件和电信为载体的频繁、快捷和廉价的交流。旅行变得容易了,迁徙自由了,这样为观念的交流带来了无限的便利。于是,带来了知识的革命,学术得以传播和流通。尽管仍然存在而且或许会一直存在一个专事研究的特殊阶层,但是,一个特殊的学者阶级却从此不可能有了,因为这是违背时代精神的。知识不再是凝固不动的东西;它已经被液化了,在社会所有的支流中流淌。

显而易见,就知识的内容而言,这一革命带来了个人态度的显著变化。知识的洪流从四面八方向我们倾泻而下。那种单纯理智的生活,即学术和学问的生活,因此获得了一种相当不同的价值。学究式的人物和经院气不再是荣誉的称呼,而正在变成嘲弄人的措辞。

所有这一切都意味着学校态度的必然转变,但是,我们至今却远未认识到这种转变的力量。我们学校的方法和大部分课程都是从过去时代继承下来的,而在那一时代,学术和某些信条的指令都是十分重要的。这一时代的理想大部分依然在控制范围之内,甚至那些外在的方法和研究发生转变的地方仍是如此。我们经常听说把手工训练、艺术和科学引入初等学校甚至中等学校,它们因为倾向于培养专家而遭非难——说它们偏离了我们现在丰富、自由的文化模式。这种观点即使不会导致悲剧性的后果,也将是荒唐可笑的。我们现在的教育是高度专业化的、片面的和狭窄的。这是一种几乎完全被中世纪的学术观念所统治的教育。它在很大程度上只诉诸我们本性的理智方面,以及我们的学习、积累信息和掌握学术的欲望;而不是诉诸我们实用或艺术上的制作、行动、创造、生产的欲望。手工训练、艺术和科学作为因技术化和专门化倾向而遭到反对,这一事实本身正可充当证明控制当前教育的专门化目标的证据。除非教育实际上与排他性的理智追求相等同,并与学识相等同,否则,所有这些材料和方法仍将是受欢迎的,仍将受到最热烈的追捧。

尽管为学术职业而训练被当作文化类型或一种通才教育，但训练技工、乐手、律师、医生、农夫、商人或铁路管理员则被当作纯粹的技术性和职业性训练。结果就是，我们在自己周围随处可见——"文化人"和"工人"的分化，理论和实践的分离。全部学生中，只有不到1％的人能接受我们所谓的高等教育；只有5％的人能接受我们的高中教育；而远超过一半的人在完成五年初等教育以前就已经流失掉了。基本的事实是：在大多数人群中，特有的理智兴趣并不占主导地位，他们具有所谓实践的冲动和特质。许多从本性而言具有很强的理智兴趣的人，因为受到社会条件的阻碍而不能充分实现其兴趣。因此，相当数量的小学生一旦获得了基础的教育，一旦具备了在今后谋生中足够用于阅读、书写和计算的符号，就马上离开了学校。虽然我们的教育领袖谈论要把文化的熏陶、个人的发展等等诸如此类当作教育的目的和目标，但是，绝大多数在学校接受教育的人只把它看作挣得一份工资以求生计的单纯实用的手段。如果我们以一种不那么独有的方式看待我们的教育目的和目标，如果在教育过程中引进适合那些主要兴趣在行动和制作的人的活动，那么，我们会发现，学校对学生的吸引力会更强、更长，也包含更多的文化意义。

然而，我为什么要不厌其烦地作出这么一番说明呢？明显的事实是，我们的社会生活已经发生了全面彻底的变化。如果我们的教育想要对生活有什么意义的话,它必须要完成一番相应的完全的转变。这种转变不是突发的,也不是一蹴而就的。它已经发生了,并且正在进行中。我们学校制度的改革,通常仅仅是细节上的变更和内部机制的改良(即使最关心学校改革的人也这么看,更不用说那些旁观者了),实际上,这就是发展的标志和证明。采用主动作业、自然研究、科学常识、艺术和历史,降低单纯的符号和形式方面的教育,改变学校的氛围、学生和教师的关系,引入更积极的表现性的和自我指导的要素——所有这一切都不只是偶然发生的,它们是更大的社会发展的必然结果。全部这些要素还有待组织起来,它们的全部意义还有待评估,其中所涉及的观念和理想也有待为我们的学校体系所消化吸收。这样做就等于把我们的每个学校变成共同体生活的萌芽,这样的学校中活跃着作为更大的社会生活反映的职业活动,充满了艺术、历史和科学的精神。如果学校带给每个儿童这样的社会中的小共同体成员身份,通过这种方式训练他们,让他们充分领会服务的精神,为他们提供行之有效的自我指导的手段,那么,一个有价值的、可爱的、和谐的社会即将到来。我们对此深信不疑。

第二章 学校与儿童生活

上周我向大家展示了学校和共同体的更大生活之间的关系，以及为更好地适应当前的社会需要而变革学校工作的方法和内容的必要性。

今天我想从另一方面来考察这一问题，并思考学校与学校里的儿童们的发展和生活之间的关系。由于难以把普遍原则与像小孩子这样具体的事物联系起来，我不得不从芝加哥大学初等学校的工作中抽取大量事例。在一定程度上，诸位也许赞同这个方法，从中提出这些观念本身是从真实的实践中产生出来的。

几年以前，我在城市里四处游走，逛遍了教育用品商店，想要找到完全符合要求的桌椅——符合艺术的、卫生的和教育的要求，适应儿童们的需要。我们费了老大力气也找不到所需要的样式，最后，一个比他的同行们聪明的商人发表了这样的评论："恐怕我们没有你们要找的东西。你们要找的是孩子们可以在上面工作的东西，而我们有的这些全是供听讲用的。"这揭示了传统教育的问题。就像生物学家能用一两块骨骼重现整个动物那样，如果我们想象一下常见的教室，里面是以几何顺序排列的一排排难看的书桌，书桌都堆挤在一起，活动的空间无比狭小，而书桌几乎是同样大小，只勉强放得下书本、铅笔，此外，教室里还有一个讲台、几把椅子，光秃秃的墙壁上面可能贴着几张画，我们由此可以重现在这一场所上演的唯一的教育活动。这全是为了能"听讲"——因为单纯学习书本中的课程只是另一种听讲,这造成了一个心灵对另一个心灵的依赖。相对而言,听讲的态度意味着消极和吸收。有一些由学校主管、委员会和教师们准备好的材料放在那儿,儿童们只要用最少的时间学会它们就够了。

在传统的教室里,几乎没有给儿童们留出工作的地方。多数情况下,儿童们可用以进行建造、创新和积极探索的工场、实验室、材料、工具甚至最基本的空间都非常缺乏。这些过程中所需要的事物,在教育中甚至没有一个明确认可的位置,它们只是在日报上写社论的教育界权威们一般称之为"一时的风尚"或"不必要的装饰"的东西。昨天一位女士告诉我,她正在到处寻访,想找到一所儿童们的活动优先于教师传授知识的学校,或儿童们有某种要求获得信息的动机的学校。她说,她在访问了24所不同的学校之后,才找到一所这样的学校。我要加上一句,这所学校不在我们这座城市。

这些有固定书桌的教室所揭示的是:每一件东西都是为了管理最大数量的孩子,为了从总体上对付儿童而设置的,把儿童视为一个个体的集合;这又意味着,儿童被消极地对待。儿童一旦活动起来,他们就使自己变成了个人;他们不再是一个群体,而成为我们在学校外面、在家庭中、在操场上、在邻居家所看到的那种有个人特点的人。

方法和课程的一致性,可以在同样的基础上加以解释。如果每件事都基于"听讲",你就会得到统一的教材和方法。听讲以及考虑听讲的书本,构成了对所有人都适用的媒介。几乎没有机会去适应儿童的不同能力和不同要求。有一定数量——一个固定数量的已经备好的结果和成就,在既定的时间等待着所有的儿童。正是为了适应这一要求,才发展出了从小学到大学的课程。世界上刚好有那么多想获得的知识,并且刚好有那么多需要的专门技术。接下来就是用 6 年、12 年或 16 年来分割学校生活的数学问题。现在按比例,每年给儿童们全部的一个部分,等他们学成之后,他们刚好掌握了全部。通过在一小时或一天或一周或一年的时间里掌握这么多的知识,最后每一件事都整整齐齐地完成了——如果儿童们没有忘记前面学过的知识的话。马修·阿诺德(Matthew Arnold)的报告告诉我们,这一切的结果就是一位法国教育权威骄傲地向他陈述的:上万名儿童在既定的时间,比如 11 点,同时学习地理中的某一课;在我们国家西部的某一城市,常常是学校的主管向接踵而至的访问者重复这一骄傲的夸耀。

为了阐明旧式教育的典型特征,我可能有些夸大:它的消极态度,它对儿童的机械聚集,以及课程和方法的一致性,一言以蔽之,关注的重心在儿童之外。重心可能是在教师,在教科书,在你喜欢的任何地方,但唯独不在儿童当下的本能和活动中。在这一基础之上,关于儿童的生活也就没什么好说的了。关于儿童的学习可以长篇大论,但学校不是儿童生活的地方。现在我们教育中发生的变化是重心的转变。这是一个改变、一次革命,与哥白尼引入日心说不无共同之处。在这里,儿童变成了太阳,教育要素围绕儿童旋转;儿童是组织教育要素的核心。

如果我们以理想家庭为例。在理想的家庭中,父母足够聪明,知道什么对儿童有益,并能满足儿童所需要的东西。我们会发现,儿童通过社会性交谈和家庭的组织而学习。在进行谈话时,有些要点是对儿童有兴趣、有价值的东西:进行陈述,探究问题,讨论主题,儿童在此过程中不断地学习。他表述了自己的经验,其错误观念得到了纠正。儿童通过对家庭活动的参与,养成了勤奋、守秩序、尊重他人权利和观念的习惯,及其个人的活动服从家庭共同利益的习惯。参与这些家庭工作,也是学习知识的机会。理想的家庭应该设有一处工场,供儿童满足建造的本能;应该具有一所微型的实验室,以指导儿童的探究。儿童的生活应该从户外走向公园、周围的田野和森林。他应该有自己的远足、散步和谈话,只有这样,外面更广阔的世界才能向他展开。

现在,如果我们将这一切加以组织和概括,将得到一个理想的学校。这不是神话,也不是教育理论的惊人发现。这只是系统地和以大规模、明智、有效的方式去完成在大多数家庭中有各种理由能够做到而只是偶然做了又做得很少的事。首先,理想的家庭必须扩大,必须让儿童与更多的成年人和更多的儿童接触,以创造一个最自由、最丰富的社会生活。而且，家庭中的活动和人际关系不是特意为儿童的成长而选择的；其主要目的不在这里，儿童从中得到的东西是偶然的。因此，需要一所学校。在学校中，儿童的生活成为全部可控的目标，促进儿童成长的全部必要媒介都集中在这里。学习？——肯定要学习，但首要的是生活，学习是通过生活并与之联系起来进行的。在以这样的方式集中和组织起来的儿童生活中，儿童首先不是一个静静听讲的人，而是恰恰相反。

经常听到这样的说法：教育就是"引出"(drawing out)。这样的说法很精彩，如果我们把它和注入式的过程相比较的话。但是，毕竟很难把"引出"的观念和3岁、4岁、7岁或8岁儿童的日常行为联系在一起。儿童已经尝试过各种类型的活动。他不纯粹是一个潜伏的生物，成年人必须以高度的戒备和高超的技巧去接近他，以慢慢地牵引出某种隐蔽的活动胚芽。儿童本来就十分活跃，教育的问题就是抓住他的活动并给予活动以指导的问题。通过指导，通过有组织的运用，活动可以造成有价值的结果，而不是散乱无序或成为单纯冲动的表现。

如果我们这样看问题，许多人视为畏途的定义新教育的问题与其说解决了，不如说消解了，它消失了。一个经常问到的问题是：如果你从儿童的观念、冲动和兴趣出发，从这些极其粗糙、任意和分散的、未经提炼或精神化的东西出发，他将如何获得必要的训练、文化和信息呢？如果除了刺激和纵容儿童的这些冲动，我们无计可施，那么，这个问题就问到了点子上。我们或是不得不忽视和压制这些活动，或是迁就它们。但是，如果我们有系统的设备和材料，那么，我们就有另外的途径。我们可以指导孩子们的活动，让他们按一定的规则练习，这样便可以渐渐将其引导到这条道路逻辑上最终要达到的目标上去。

"如果愿望都能实现，乞丐早就发财了。"由于愿望不是现实，由于真正满足一个冲动或兴趣意味着实现它，而实现它意味着要克服障碍，熟悉材料，发挥才智、耐心、韧性和警觉，它必然需要训练和知识。以想制造盒子的儿童为例，如果他缺乏想象力或愿望，他当然不会得到训练。但是，如果他想实现自己的冲动，就要明确观念、安排计划、选择工具、测量所需的部件、确定比例等等诸如此类。这其中有材料准备、拉锯子、订计划、砂纸打磨、榫卯配套。工具和工序的知识是必需的。如果这个儿童实现了自己的本能，做出了盒子，那么，他就有充分的机会获得训练和磨砺，施展能力去克服障碍，同时获得大量的信息。

因此，毫无疑问，以为自己喜爱烹饪的儿童对烹饪是什么、烹饪的价值何在或烹饪需要什么所知甚少。它只是一种"乱搞一气"的欲望，或许是模仿大人的活动的欲望。我们当然也可以降低到这一水平，仅仅迁就他的那种兴趣。但是，在这里，如果把冲动变为现实，它将与冷酷的现实世界发生冲撞，结果是它不得不接受现实；这里再次出现了训练和知识的要素。最近，有个儿童对不得不通过漫长的试验学习技能感到不耐烦，他说："我们为什么要跟自己过不去呢？我们还是按着菜谱说的来做吧。"教师便问儿童：菜谱从何而来？教师的话的意思是：如果他们只是按着菜谱说的来做，就无法理解他们这么做所为何事。于是，儿童又高高兴兴地继续他们的试验工作。事实上，按照这一思路就能阐明问题的要点。那一天，他们的工作是煮鸡蛋，这是从烧菜到烧肉的过渡。为了得到一个比较的基础，他们首先概述了蔬菜中食物的构成成分，然后与肉中的成分进行对比。他们由此发现，蔬菜中的木质纤维或纤维素相当于肉中的结缔组织，是形状和结构的因素。他们还发现，淀粉和淀粉制品具有蔬菜的特征，蔬菜和肉类都含有无机盐和脂肪——在蔬菜中，脂肪含量低；而在肉类中，脂肪含量高。接下来，他们准备对作为动物食品特征的蛋白进行一番研究，并准备考察正确处理蛋白的必要条件——鸡蛋被选作试验的原料。

  他们首先用各种温度的水做实验，看它什么时候变烫，什么时候徐徐沸腾，什么时候完全烧开，然后看不同温度下蛋白的变化。这样做的目的不只是煮鸡蛋，而且可以了解在煮鸡蛋过程中所涉及的原理。我不想忽视特殊的偶然事件的普遍性。如果孩子有煮一个鸡蛋的念头，他把鸡蛋放到水里煮了3分钟，等告诉他以后，他再把鸡蛋取出来，这没什么教育意义。但是，如果这个孩子通过认识相关的事实、材料和条件来实现自己的冲动，然后通过这一认识掌管自己的冲动，这是有教育意义的。这就是我所坚持的刺激或放纵兴趣与通过指导实现兴趣的区别。

儿童的另一个本能是使用铅笔和纸。所有的儿童都喜欢通过形式和颜色的媒介表达自己。如果你只是放纵儿童的这一兴趣,让他们无节制地进行下去,那他们只会有偶然的长进。但是,如果让儿童首先表达自己的冲动,然后通过批评、提问和建议,使他意识到他所做的和所需要做的是什么,结果会截然不同。这里以一个7岁儿童的作品为例。它可不是平平之作,而是低年级儿童最佳的作品,但是这件作品例证了我刚才所说的原则。儿童们一直在谈论当人们生活在洞穴时社会生活的原始条件。他们的观念是这样表达的:洞穴以一种不可思议的方式整齐地建在山坡上。我们看到儿童笔下最常见到的树木——一条垂直的线段,每边填上一些水平的枝杈。如果允许儿童日复一日地重复这类东西,他将放纵自己的本能而不是运用它。但是,现在要求儿童仔细观察树木,比较实际的树和他们画中的树,更直接更有意识地深入到他的工作条件中。这时,他会根据观察来画树。

最后,他结合观察、记忆和想象来作画。他再次绘出了一幅无拘无束的图画,表达他自己想象的内容,但仍受到对真实树木的仔细研究的限制。画面是一小片森林;在我看来,就这幅画而言,它具有和成人作品一样的诗情画意;而且,就其比例而言,画中的树木是符合实际的,而不只是一些符号。

儿童画：洞穴与树木

儿童画：树林

如果我们把学校中的冲动进行粗略的分类,可以将其归纳为四种,其中有在谈话、个人交往和交流中表现出来的儿童的社会本能。我们都知道,四五岁的儿童是以自我为中心的。如果要提出什么新的主题,如果他要说什么东西,那必定是"我见过它"或者"我爸爸(或妈妈)这么告诉我的"。他的视野并不广阔,一点经验必须马上为他所领会,如果他有充分的兴趣把这一经验和其他经验相联系并依次探讨它们的话。儿童的自我中心和有限的兴趣以这种方式无限膨胀。儿童的语言本能是其最简单形式的社会表达。因此,语言是一个巨大的,或者说是最大的教育资源。

接下来是制作的本能——建造的冲动。儿童的制作冲动首先在游戏、运动、手势和假扮中得到表达,逐渐变得越来越明确,并通过把原材料制作成可触的形式和固定的样本而找到发泄的渠道。儿童对抽象的探讨兴趣不大。探究的本能看来是由建造冲动和谈话冲动结合而生的。对小孩子来说,在实验科学和木匠铺所做的工作之间没有什么区别。他们在物理学或化学中所做的工作,不是为了得出技术性的概括或获得抽象的真理。儿童只是喜欢做一些事,并密切关注所发生的事。但是,可以利用这一点,引导他走上产生价值结果的道路,也可以任其随意进行。

儿童的表达性冲动,即艺术的本能,同样产生于交流和建造的本能——前者是后者的精髓和充分体现。给建造足够的

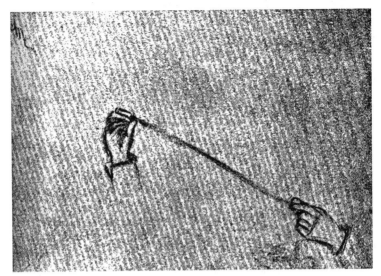

儿童画:手工纺织

儿童画:正在纺织的女孩

第二章 学校与儿童生活

空间，让它完满、自由而灵活；给它一个社会动机，让它表达一些事物，这样你就有了一件艺术品。试以纺织工作——缝纫和织布——为例来说明这个问题。儿童在工作室中制造出一架原始的织布机；这里，建造的本能发挥了作用。接着，他们想用这架织布机做点事情，制造一些东西。这是一架印第安人的织布机，可以把印第安人编织的毛毯展示给儿童们看。每个儿童都画出了一个理念上和纳瓦霍人（Navajo）[①]毛毯类似的设计，从中选出一幅似乎最适宜眼前工作的图案。尽管技术资源很有限，但儿童们还是完成了着色和式样的工作。完成这些工作需要耐心、细致和坚韧，这不仅包含历史方面和技术设计原理方面的训练和知识，而且包含充分表达观念的某种艺术精神。

还可以举出与艺术方面和建造方面相联系的另一个例子。孩子们一直在研究原始的纺纱和梳毛技术，其中一个12岁的孩子画出了一幅正在纺纱的一个年纪较大的孩子的画像。这又是一件很不寻常的作品，它比一般的作品要好。上图画的是一双手正在拉羊毛线以备编织，是一个11岁孩子的作品。但是，总体来说，尤其对更年幼的孩子，艺术冲动主要与社会本能相关——想要表达、描述的欲望。

现在，牢记这四种兴趣——对谈话或交流的兴趣、对探究

[①] 纳瓦霍人，是居住在美国亚利桑那、新墨西哥和犹他州等保留地的一支印第安主要部落。——译者

或发现的兴趣、对制作或建造的兴趣，以及对艺术表达的兴趣——我们可能会说，它们是自然资源，是未投入的资本，儿童的积极成长依赖于这些兴趣的运用。我想给出一个或两个例证，第一个来自7岁孩子的作品。它在某种程度上说明了儿童占主导地位的欲望是谈话，特别是谈论人或与人有关的事情。如果你观察一个小孩，你会发现，他主要对与人有关的事物感兴趣。这些事物是人类关注的背景和中介。许多人类学家告诉我们，儿童的兴趣和原始人类的兴趣具有一定的同一性。儿童的心理会自然重现原始人类的典型活动；男孩子喜欢在院子里建小房子，操持弓箭、长矛等东西做狩猎游戏就可以证明。问题再次出现了：我们如何对待这些兴趣——弃之不顾，还是激发并把它引发出来呢？或者是抓住它，引导它有所前进，有所提高？我们为7岁儿童设计的工作采取了后面的做法——利用这一兴趣，把它变成观察人类进步的手段。儿童在直接接触自然界以前，先是想象那些远离他们目前的情况。这就相当于把他们带回到了狩猎人群，带回到了穴居或树居人群，通过打猎和捕鱼获得勉强的生存。他们尽量想象与那种生活相应的各种自然环境，比如，位于山脉附近陡峭的树木茂密的山坡、渔产丰富的河流。他们继续想象经过狩猎时代而进入半农业时代，经过游牧时代进入定居的农业时代。我想要指出的一点是：这样可以为实际的研究提供大量的机会，通过探究可以获得许多信息。这样，虽然本能首先表现在社会方面，儿童对人和人的作为的兴趣就被带入了更广阔的现实世界。比如,儿童对原始武器、石制箭镞等东西有所了解。当他们试验哪种石头最适合作武器时,这些知识就使检验材料的易碎性、形状、质地等矿物学课程派上了用场。讨论铁器时代的时候,提出了需要建造一个大型的黏土熔炉的要求。由于儿童一开始未能正确地画出草图,炉膛入口的尺寸和位置与出口不匹配,这就需要有关于燃烧原理、制图和燃料性质方面的教学。但是,这些教学不是预先准备好的。首先是需要它们,然后才能通过试验获得它们。接下来,他们取来一些铜之类的原料,经过一系列试验,把铜熔化掉,制成一些物件;他们还用铅和其他金属做了同样的试验。这一工作同样是地理课程的继续,因为他们必须想象出不同形式的社会生活所必需的各种自然条件。适合于畜牧生活的自然条件是什么?适合于农业的自然条件是什么?适合于渔业的自然条件呢?这些人群之间交换的自然方式是什么?在交谈中提出这些问题以后,他们在地图和沙盘上把它们描绘出来。这样,他们就得到了关于地球构造和不同地形的知识,并从它们与人类活动的关系角度来考察它们,这样一来,它们就不再只是一些外在的事实,而是与人类的生活和进步等社会观念密切相关的事实。在我看来,这个结果完全证实了这一信念:儿童经过一年的训练而获得的科学、地理和人类学的知识,远远超过以获得信息为目的而从固定的课堂上学到的知识。至于训练方面,他们所获得的注意力、解释能力、推理能力以及敏锐观察和不断思考能力的训练,远远超过仅仅为了训练而让他们去随便解决一个问题所得到的训练。

这里我要提一下口述课(recitation)。我们都知道它已经成为什么样子——一个儿童向教师和其他儿童展示他成功地从教科书中所吸取的知识数量的场所。从另一种观点来看,口述课已经出色地成为一种社交聚会的场所;口述之于学校犹如自发交谈之于家庭,区别只在于口述更有组织性,遵循明确的规定。口述成为社交的情报交换所,经验和观念在这里得以交流并接受批评,错误的观念在这里得到纠正,新的思维方式和探究形式在这里得以确立。

口述从检验已获得的知识向自由发挥儿童的交流本能转变,影响并修正了学校的全部语言工作。在旧的体制之下,让孩子充分、自由地运用语言,无疑是一个极为严重的问题。理由是不言而喻的,语言的自然动机很少被提及。在教育学教科书中,语言被定义为表达思想的媒介。对受过教育的成人来说,语言可能确是如此。但是,勿庸赘言,语言首先是一种社会事物、一种我们借以向别人传达经验并从别人那里取得经验的工具。如果让语言偏离它的自然目标,教授语言就会变成一个复杂而困难的问题,这不足为奇。想一想,为语言而进行语言教学是一件多么荒谬的事情。如果孩子上学之前有什么要做的事,那就是谈论他感兴趣的事物。但是,如果学校里没有什么真正令人感兴趣的事物,如果使用语言只是为了复述课程,教授母语渐渐成为学校工作的一个主要困难,这就没什么好奇怪的了。由于被教授的语言不是自然的,不是来自想要交流生动的印象和信念的欲望,儿童运用语言的自由就会逐渐消失,直到最后,高中教师不得不想出各种办法来帮助学生自发和充分地运用语言。此外,当以一种社交方式唤起语言本能的时候,这会与现实有持久的接触。其结果是,儿童头脑中总是有要谈论的东西,他有话要说,他有思想要表达,而思想如果不是某人自己的思想,就不能成其为思想。根据传统的方法,儿童只能讲他所学到的东西。在这个世界,有话要说和不得不说点什么之间有根本的区别。当儿童有各种材料和事实并想对它们加以谈论时,他的语言就变得更精炼、更充分,因为它是受现实制约并源于现实的。阅读和写作与口语使用一样,可以在此基础上教授。它可以用叙述(related)的方式进行,因为语言作为儿童叙述其经验并获得别人经验的社交欲望的成果,总是通过对所交流的真理起决定作用的事实和与有影响力人物的接触获得指导。

我没有时间谈及年龄较大儿童的工作,他们原始的建造和交流本能已经发展为某种类似科学指导探究的事物了。但是,我想给出一个从这一实验工作得来的使用语言的例证。这一工作建立在最常见的一个简单实验基础之上,慢慢地把学生引导到地质学和地理学研究中。在我看来,我接下来要引用的句子既富有诗意又充满"科学性"。"很久以前,当地球刚刚诞生的时候,它还只是一团熔岩。那时地球上没有水,到处是水蒸气,同时也有很多其他气体。二氧化碳就在其中。蒸气变成了云,因为地球开始冷却了,不久以后开始下雨,雨水降落下来溶解了空气中的二氧化碳。"地球演化的实际过程,比这里叙述的更为复杂。它代表着儿童三个多月的工作。儿童坚持做日记和周记,但这只是一季度工作总结的一部分。我把这称为诗意的语言,因为儿童对想象的现实有一幅清晰的图像和一种个人情感。我从另外两篇记录中抽出几段话,以进一步证明在有生动的经验支持时对语言的生动运用。"当地球冷却到足以凝结的时候,在二氧化碳的帮助下,水把岩石中的钙吸出来带到更大的水体中,这样,水体中的小动物就可以利用钙了。"另一段话是:"当地球冷却下来,钙沉积在岩石中,这是二氧化碳和水携手形成的一种溶液。随着这种溶液的流动,它分离了钙并把钙带到海里,而海里的小动物又从水和二氧化碳的溶液中吸收了钙。"联系化学化合过程,使用"吸"、"分离"等字眼,证明了一种亲身的实感,这种实感迫使恰如其分的措词被表达出来。

　　要不是在举例说明方面已经用了这么多篇幅,我一定要表明儿童怎样从很简单的实物开始被引导到更大范围的研究,以及与这种研究相伴随的理智训练。我只简单提及工作开始时候的实验。该实验是制作用来擦亮金属的白垩土。儿童使用简单的工具——平底大玻璃杯、石灰水和一个玻璃管,从水中沉淀出碳酸钙;接着,研究火成岩、沉积岩等各类岩石在地球表面的形成过程和分布的地域;然后,研究美国、夏威夷和波多黎各的地理情况;进而研究这些岩石在各类地表对人类活动的影响;这样,这一地质记录最后以进入现代人的生活而结束。通过实验,儿童理解和感知到了很久很久以前发生的地质过程和影响今天工业活动的自然条件之间的关联。

在与"学校与儿童生活"这一主题有关的所有问题中,我只选出了其中一个问题,因为我发现,这个问题给人们带来的困难比其他问题多,给人们增添了一块绊脚石。人们可能乐于承认,最向往的事莫过于让学校变成儿童真正生活的地方,让儿童从学校中获得令他感到振奋而且其本身就有意义的生活经验。但是,这时我们听到下面的追问:儿童如何在这一基础上获得所需要的知识,他如何经受所需要的训练?是的,这一问题浮现了出来。对于很多人,即使不是大多数人来说,正常的生活过程似乎是与知识和训练的获得不相容的。因此,我试图以一种高度概括和粗略的方式(因为只有学校自身在其日常运行中才能够提供具体而有价值的描述)来说明问题如何得到自我解决——如何抓住人性的基本本能,如何通过提供适当的媒介来控制它们的表现,不仅促进和丰富儿童个体的成长,也能够提供同样的甚至更多的曾经是过去教育理想的专门知识和训练的成果。

但是,我虽然选择了这一特殊的处理方式(作为对普遍提及的问题的让步),还是不愿意让这一问题停留在多少有些消极和解释性的状态之中。生活毕竟是件大事；儿童的生活在自己的时段和尺度上和成人的生活一样重要。实际上，如果以为理智而认真地重视儿童在丰富的、有价值的和扩展的生活中现在的需要和力所能及的事，与以后成人生活的需要和可能性相冲突，那才是真正奇怪的事。"让我们和我们的孩子们一起生活"，当然首先说的是我们的孩子应该生活——而不是强迫他们在各种不同条件下压制和阻碍他们生长的生活，对这种条件的最长远的考虑是与儿童目前的生活联系起来的。如果我们寻求教育的天国，其他的一切问题都会迎刃而解——这可以解释为：如果我们了解和肯定儿童时代真正的本能和需要，并且探求它最充分的要求和生长，成人生活的训练、知识和文化素养在适当的时候就会全部到来。

谈到文化修养，我想到，在某种意义上，我只谈及儿童活动的外围——只谈及儿童向外表达说话、制作、发现和创造的冲动。不用说，现实的儿童都生活在想象的价值和观念的世界中，外部世界只是这些价值和观念不完善的体现。如今，我们常常听到培养儿童"想象力"的说法。于是，我们取消了不少我们自己的谈话和工作，坚信想象力是儿童某一特殊的部分，需要以某一特殊方式来满足它——一般而言，需要以不真实的、假扮的方式或以神话和虚构的方式来满足它。我们为什么如此铁石心肠，如此迟缓地信服想象力是儿童生活的媒介呢？对儿童来说，每一地方以及吸引他注意的每一事物都富有价值和意义。学校和儿童的生活之间的关系问题，说到底不过是这个问题：我们是不顾这一本来具有的背景和倾向，完全不与真实活泼的儿童打交道而热心于我们自己树立起来的僵死形象，还是让这种天生的倾向自由地发挥并获得满足？我们一旦相信生活，相信儿童的生活，我们所谈到的一切作业和价值，以及历史和科学，都会变成他的想象力所诉诸的工具和文化材料，并由此可以使他的生活变得丰富和有秩序。凡是我们现在只看到外在的作为和外部产品的地方，在全部可见的结果的背后，都有精神态度的重新调整、拓展了的富有同情的视野、对生长着的力量的感受，以及使见识和能力与对世界的和人的利益一致起来的意志力。如果文化修养不是表面的抛光剂，不是镶嵌在普通木料上的桃心木，它肯定是这样——在灵活性、视野和同情心方面的想象力的成长，直到个体生命充分意识到自然和社会的生活。如果自然和社会可以进入课堂，如果学习的方式和工具从属于经验的本质，那么，实现儿童生活与自然和社会生活的"融为一体"就获得了机会，而文化修养也将成为民主的通行证。

第三章 教育中的浪费

今天宣讲的主题是"教育中的浪费"。首先,我简单谈谈这个题目与前面两个讲座之间的关联。第一个讲座从社会的角度讨论学校,以及为使学校在当前的社会环境中有效运行而不得不作出的必要调整。第二个讲座谈的是学校与个体儿童生长的关系。现在,第三个讲座要谈的是学校作为一个机构,与社会及其成员——儿童——之间的关系。该讲座要处理组织结构的问题,因为所有的浪费都是由于缺乏组织的缘故,而组织背后的动机是推动经济和效率。这一问题与浪费钱财或物品无关。钱财和物品是有价值的;但是,首要的浪费是浪费生命,儿童在学校的时候浪费他们的生命,接着又因为不充分、不适当的前期准备而继续浪费他们以后的生命。

因此,当我们谈到组织的时候,我们不是只想到那些外部的东西,想到冠以"学校系统"之名的那些东西——校董会、教育厅(局)长、学校建筑、教师的聘用和提升等等诸如此类。这些东西当然重要,但是,基本的组织是与其他形式的社会生活相联系的、作为个人的共同体的学校组织本身。所有的浪费,都可归咎于相互隔离。组织只不过是让事物彼此相连,这样它们就能容易地、灵活和充分地行使其功能。因此,在谈到教育浪费的问题时,我请大家注意学校系统的各部分相互隔离的问题,注意到在教育目的上缺乏统一性的问题,注意到学校在学科和方法上缺乏连贯性的问题。

我绘制了一张图(图1)。在我谈到学校系统自身彼此隔

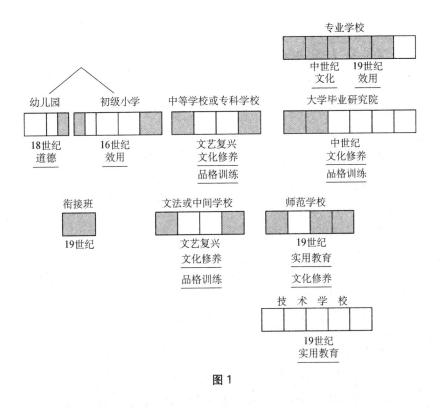

图 1

离的时候,或许更直观,可以节省一些用语言解释的时间。我的一位爱唱反调的朋友说,没有什么东西比图解更含混不清的了,我努力用图来说明我的观点,很可能只是证明他的话是对的。方块代表学制的不同组成部分,旨在粗略地表示出分配给每一段的时间长度,以及在时间和学科上,学制中各个部分的交错之处。每一个方块都给出了其出现的历史条件和主导理想。

总体上来看,学校制度是自上而下发展起来的。在中世纪,实质上是专业学校——特别是法律和神学学校。现在的大学都是从中世纪发展而来的。我不是说现在的大学是中世纪的机构,而是说它的根在中世纪,而且它在学术方面尚未全部从中世纪的传统中走出来。

20世纪开始出现的幼儿园,是保育室和谢林哲学结合的产物;是母亲和孩子共同参与的玩耍和游戏,是与谢林的极具浪漫和象征主义哲学的联姻。从对儿童生活的实际研究而来的因素——保育室的连续性——仍然是一切教育中富有生命力的力量;谢林哲学的要素成为幼儿园和学制的其余部分之间的障碍,造成了孤立和隔离。

方块顶端上面的线表示幼儿园和小学之间存在一定的相互作用;因为,只要小学在精神上依然对儿童生活的自然兴趣感到陌生,它与幼儿园就是隔离的,因此,把幼儿园的方法引入小学目前还是一个问题,即衔接班(connecting class)的问题。困难在于两者从一开始就不是一种东西。为实现衔接,教师已经不得不攀墙而过,而不是叩门而入。

在目标方面,幼儿园的理想是儿童的道德发展,而不是教学或训练;这一理想经常被强调到滥情的地步。小学实际上是从16世纪的民众运动而来的。当时,随着印刷术的发明和商业的发展,学会读、写、算成了商业上的必备之事。其目标显然是实用性的,是效用的;掌握这些学术符号的工具,不是为了学术本身,而是因为它们通向职业生涯。如果不学会这些符号,职业生涯的大门就会关闭。

小学以后的阶段是初级中学(grammar school)。这一称谓在西部地区不怎么常用,但在东部各州被普遍使用。它可以追溯到文艺复兴的时代——比小学诞生的时代稍早一些,而且,即使它们是同时存在的,两者之间也有很大的差异。初级中学必须在更高的意义上处理语言学习的问题,因为在文艺复兴时代,拉丁语和希腊语把人们和过去的文化联系在一起,与罗马世界和希腊世界联系在一起。古典语言是摆脱中世纪桎梏的唯一工具。于是出现了初级中学的原型,它比大学(具有极强的专业化特征)更有通才(liberal)教育的精神,目的是把古典学术的钥匙交到人们的手中,以使人们以更广阔的视野观察世界。初级中学的目标首先是文化修养,其次是品格训练。它比如今的文法学校承载的东西更多。大学中通才教育的要素,由上而下走进了专科学校和高中。因此,中等学校(secondary school)在一定程度上还是低一级的学院(其课程甚至比几个世纪以前的学院级别还高)或学院的预科,而且在一定程度上是小学效用的圆满完成。

然后,出现了19世纪的两个产物——技术学校和师范学校。技术学校、工程学校等等当然主要是19世纪商业条件发展的结果,就像小学是16世纪商业条件发展的结果一样。为满足训练教师的需要,师范学校应运而生。师范学校既有专业技能的理念,又有文化素养的理念。

无须详述,图中呈现了学制中大约八个不同的组成部分。它们都是不同历史时期的产物,拥有不同的理想和不同的方法。我不想指出过去学制的不同部分之间存在的所有孤立和隔离现在依然存在;然而,人们必须承认,这些不同的部分依然未曾融入一个统一的整体中。就管理方面来说,教育中的最大问题是如何整合这些不同的部分。

我们来看一看教师培训学校——师范学校。这些学校如今处在一种异常的位置,介于高中和学院之间。它们要求有高中教育作预备,同时涵盖了一定数量的学院工作。它们与学术的高端主题相隔离,因为总体而言,它们的目的是训练人们如何去教,而不是去教什么;与此同时,如果我们到学院去,就会发现这种隔离的另外一半——学习教什么,但对教学方法却几乎不屑一顾。学院与儿童和年轻人没有什么联系。学院的成员大多远离了家庭、忘却了自己的童年时代,他们最终会成为具备大量知识的教师,但对于如何将这些知识与受教育者的心智相连却所知甚少。在教什么和如何教的划分上,每一方都由于这种分离而遭受损害。

梳理小学、初中和高中之间的关系,是一件有趣的事。初等学校急速发展,而且吸纳了许多过去新英格兰初级中学所开设的科目。高中则下放了部分科目。拉丁语和代数放在了高年级,这样,七年级和八年级就全部学习旧式文法学校的科目。

这些科目是一堆杂乱的组合，其中有些是儿童已经学过的内容（读、写、算），有些是高中学习的预备科目。在新英格兰的一些地方，把这些高年级称作"中间学校"。这个名称听起来不错，其工作只是已经完成的学业和将要进行的学业的中间过渡，而本身则没有什么特殊的意义。

正如其组成部分互相分离一样，其理想也各不相同——道德发展、实用教育、一般性的文化修养、品格训练、专业培训。这些目标分别代表教育制度的不同部分；随着各部分之间互动的增加，每一部分都要求承担一定数量的文化修养、品格训练和实用教育。但是，由于缺乏基本的统一，某一学科仍会被认为适于品格训练，而另一学科被认为适于文化修养。比如，某些算术内容着眼于训练，而另一些则着眼于实用；文学是为了提升文化素养；语法是为了训练；地理学则一部分为了实用，一部分为了文化素养，等等。教育的统一性消失了，各门学科发生了离心；这门学科实现这种目的，那门学科实现另一种目的，而全部学科就变成了互相竞争的目标和独立的学科之间纯粹的妥协和修补。教育管理的最大问题是获得整体的统一性，以消除教育序列中不相关和重叠的部分，减少因摩擦、重复和不恰当的衔接过渡而造成的浪费。

在第二个图（图2）中，我真正想表达的是：整合教育系统各部分的唯一途径是把它们与生活相结合。如果我们仅盯着学校系统自身，那只能获得一种人为的统一。我们必须把学校

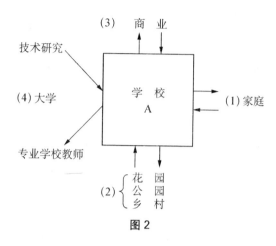

图 2

系统看作社会生活的更大背景中的一个部分。中心部分的方框 A,代表作为整体的学校系统。(1)在方框的右面是家庭,两个箭头代表家庭生活和学校生活之间在影响、材料和观念之间无拘无束的相互作用。(2)在方框下端,是与自然环境即最宽泛意义上的地理领域的关系。学校建筑周边是自然环境。学校应该设在花园中,花园里的孩子们可以走向周围的田野和更广阔的农村,见到农村的全部景象和生机。(3)方框上端是商业生活,以及学校与工业需要和各种势力之间的自由交流。(4)方框的左面是严格意义上的大学以及大学的各个方面——大学的实验室以及图书馆、博物馆和专业学校等资源。

从儿童的角度来看,学校的最大浪费在于儿童在学校里不能利用他以一种完全、自由的方式从校外获得的经验;与此同时,在另一方面,他不能在日常生活中运用在学校中所学到的东西。这就是学校的隔离现象——与生活相隔离。当儿童进入教室的时候,他不得不把在家庭和邻里间占主导地位的观念、兴趣和活动搁置一旁。由于学校不能利用这些日常经验,于是煞费苦心地将工作置于另一方针之上,即采用各种方法和手段来唤起学生对学校功课的兴趣。几年以前,在我访问莫林市的时候,教育局长告诉我,他们发现,每年都有很多儿童在知道教科书上的密西西比河与流经他们家附近的小河有关联时,惊诧不已。尽管地理仅仅成了教室里的事情,但它或多或少可以启发很多儿童认识到,教科书上所写的内容无非是他们日常所看到、所感受、所接触的事实的正式和确定的表达。当我们想到我们都生活在地球上,我们都生活在大气中,我们的生活无时无刻不受到土壤、植物、动物的影响,受到与光和热有关的事物影响,然后想一想学校的地理课成了什么样子。我们强烈地感受到,在儿童们的日常经验和学校大规模提供的孤立材料之间存在一条鸿沟。这只是一个例子,并且在我们把现在学校中的矫揉造作看成是不自然、不必要的之前,它只不过是我们多数人可以借以反思的一个例子。

尽管在学校和商业生活之间应该存在有机联系,但这并不是说,学校应该让儿童为某种商业活动而学习,而是说儿童的日常生活和他周围的商业环境应该有自然的联系;学校应该厘清和阐明这一联系,通过保持日常联系的纽带的活力,而不是通过引入像商业地理或商业算术这样的专门科目,让人们意识到这一联系。商业合作伙伴关系（Compound-business-Parthership）的主题可能并没有出现在今天的许多算术教科书中，尽管不到一代人以前它还在书中出现，因为那时教科书的作者们认为，如果他们遗漏了什么内容，书就卖不出去了。商业合作伙伴关系的起源，最早可以追溯到16世纪。那时，股份公司还没有出现，而且随着与印度和美洲大规模商业的增长，实现资本积累以控制股份公司变得十分必要。有人说，"我把这笔钱投放六个月"；另一个人说，"我想把这笔钱投放两年"，如此这般。这样，通过联合，他们获得了足以运行商业公司的资金。于是，"合作伙伴关系"自然而然地成为学校里教授的内容。股份公司出现了，合作伙伴消失了，但是与此相关的问题依然在算术中保留了二百年之久。在丧失实际效用之后，它们以精神训练的名义依然得以保留——它们是"那么困难的问题，你知道"。现在的算术中，在百分比这一标题下的许多内容具有同样的性质。12岁和13岁的儿童要学会盈亏计算，而各种形式的银行折扣极其复杂，连银行家们在很久以前也不再为此费脑筋了。如果有人指出商业已经不再以这种形式运行了，我们听到的依然是"精神训练"。不过，在儿童的经验和商业环境之间的确存在大量真实的关联，需要加以利用和阐明。儿童应该学习商业算术和商业地理，不是把它们当作自成一体的东西，而是把它们当作与社会环境相关联的东西。年轻人需要熟悉作为现代生活要素的银行，熟悉银行的作为和运行方式；这样,相关的算术过程就获得了某种意义——大大不同于我们算术中随处可见的耗时费力的百分比、分期付款问题。

图 2 显示的是和大学的关联,毋庸详述,我只想指出,学校系统的所有组成部分之间应该有一种自由的相互作用。初等教育和中等教育的教材中有许多极度琐碎的主题。当我们对它加以研究时,就会发现,其中都是似是而非的东西,而这些东西在以后是可以不学而知的。之所以出现这种情况,是因为我们系统中"低级的"部分与"高级的"部分之间没有有效的联系。大学或学院在理念上是继续研究的场所,是图书馆和博物馆的所在地,是过去最佳资源的集散中心。的确,学校和大学一样,探究的精神只能通过探究的态度而获得。小学生必须学习有意义的东西,学习能扩展他们视野的东西,而不是单单地学习琐碎的知识。他必须熟悉真理,而不是 50 年前被当作真理的东西,或被一知半解的教师误以为有趣的东西。除非教育系统中最高端的部分和最初级的部分实现完全的互动,否则难以理解这些目标如何实现。

这个图(图 3)是图 2 的扩展。学校的建筑扩大了,而周边环境保持不变,分别是家庭、花园和乡村,以及与商业生活和大学有关。图示的目的在于表明,为了摆脱隔绝的状态并获得与我们所说的社会生活的有机联系,学校应该成为什么样子。这不是建筑师为我们想要的学校建筑设计的规划,而是我们想在学校建筑中体现出来的理念的示意图。图 3 的下方是餐厅和

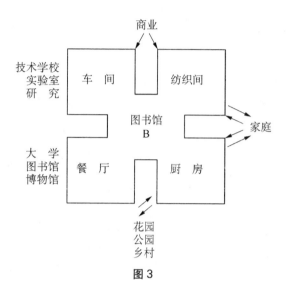

图 3

厨房,上方是木工房和金工车间,以及纺织和缝纫的纺织间。中心位置表示所有部分汇聚到图书馆的方式,也就是说,这里汇聚了各类智力资源,可以指导实践工作,赋予实践工作以意义和自由的价值。如果四个角表示实践,则其内部表示实践活动的理论。换言之,学校中各种形式的实践的目标不在于其自身,不在于厨师、裁缝、木匠和泥瓦匠的专门技巧,而在于它们在社会方面与校外生活的联系;同时,在个人方面,它们对儿童的行动、表现、制作、建设和创造的需要(而不单单是消极服从)作出回应,其重要意义在于保持社会和个人的平衡——图示特别突出了与社会的关联。在这里,家庭是其中的一方。家庭和学校的厨房、纺织间之间来来回回的连接线多么自然啊!孩子可以把在家里学到的东西，带到学校加以运用；而在学校中学到的东西，可以带到家里加以运用。这是打破孤立隔离、实现连接的两个关键步骤——让孩子带着从学校之外学到的全部经验来到学校，然后带着从学校里学到的东西离开学校，并将所学马上用于日常生活。儿童带着健康的身体和不怎么情愿的心理来到传统的学校，尽管实际上他并没有将身心一起带到学校；他不得不把他的心智留在身后，因为在学校里根本就用不着它。如果他有一个纯粹抽象的心智，他可以把它随身带到学校去；但是，他的心智是具体的，对具体的事物感兴趣，而且如果这些具体事物不进入学校生活，他就不会随身带着他的心智上学。我们所希望的是：儿童带着全部身心来到学校，再带着更充实的心智和更强健的身体离开学校。说到身体，尽管这些图里没有体育馆，在图的四个角上所承载的积极的生活带来经常不断的体育锻炼，而我们的体育馆将针对儿童的特定缺陷进行矫正，旨在更有意识地将培养健全的心智与培养强壮的身体结合起来。

餐厅和厨房与乡村以及它的生产过程和产品相联系，这几乎用不着说明。烹饪的教学可能与乡村生活和统一于地理课中的各种科学没有联系，或许通常是在没有真正建立这些联系的情况下进行教学的。但是，进入厨房的所有原料都来自乡村；它们来自土壤，是通过光和水的影响而成长起来的，反映了当地的各种环境因素。儿童通过这种联系，从校园进入了更广阔的世界,对科学研究有了最自然的了解:这些东西在哪里生长?它们的生长需要什么条件?它们与土壤的关系是什么?不同的气候条件对它们有什么影响?诸如此类。我们都知道旧式的植物学是什么:收集漂亮的花朵,把它们压平、裱贴起来;把这些花朵撕成一片一片的,给不同的部分一个专业名称,同时找出各种不同的叶子,按照它们不同的形状和形式分别命名。这是学习植物,而不涉及土壤、乡村或生长的情况。与之相比,真正的植物研究会关注它们的自然环境和它们的用处,不是单把它们当作食物,而是关注它们与人的社会生活的适应。烹饪也就成了对化学研究最自然的入门,给儿童能直接用于日常经验的某些知识。我曾经听到一位非常聪明的女士说,她不知道如何把科学知识教给幼儿,因为她不知道他们怎么才能理解原子和分子。换言之,由于她不知道如何把远离生活、高度抽象的事实教给儿童,所以她根本不懂得如何教授科学。在对这一言论付之一笑之前,我们需要问一问自己:是不是只有她一个人才是这样,或者,她是否道出了几乎在我们所有学校中都采用的实践原则。

在木工和纺织车间中,可以找到与外部世界的同样关联。它们与乡村相关,因为乡村是它们原料的来源;它们与物理学相关,因为物理学是应用能量的科学;它们与商业和分配相关,与建筑和装饰的发展技艺相关。它们同样与大学的技术和工程学校有直接的联系;它们和实验室以及实验室的科学方法与成果有联系。

回到标志着图书馆的方块(图3):如果你想象教室有一半在四个角,一半在图书馆,你就会知道什么是口述教室(recitation room)。在口述教室里,孩子们把经验、问题、疑问和他们所发现的具体事实汇总到一起进行讨论以便获得新的灵感,尤其是从别人的经验和世界所积累起来的智慧中(以符号化的方式贮藏在图书馆中)获得新的灵感。这就是理论和实践的有机联系,孩子们不是简单地做事,而是同时获得有关他们所做事情的观念(idea);从一开始就获得进入他的实践并丰富其实践的理智观念;每一观念都直接或间接地在经验中得到运用,对生活产生影响。几乎不用说,这确定了"书籍"或阅读在教育中的地位。用书籍或阅读替代经验是有害的,但书籍和阅读在解释和扩大经验方面十分重要。

下一个图(图4)展示了同样的观念。它给予这所理想学

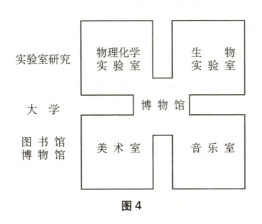

图4

第三章 教育中的浪费

校象征性的第二层楼的情况。上方两个角是实验室；下方两个角是艺术工作室，既有美术室，又有音乐室。问题，来自厨房和车间的化学和物理问题，带到实验室里来解决。例如，在上一周，参加劳动实践的一群年龄较大的儿童正在使用纺轮，其中一个儿童画出了踏板和纺轮的作用力方向草图，以及纺轮和纺锤之间的速率。同理，孩子们在烹饪时必须用到的植物，可以使他们对植物学产生具体的兴趣，他们可以把这些植物拿来研究。在波士顿的某所学校，数月的科学工作都是以棉株的生长为核心的，同时每天讲授一些新的知识。我们希望用来烹饪和缝纫的原料都受到这样的礼遇。我希望，这些例子可以展示实验室和学校其余部门之间的关系。

绘画和音乐或绘画艺术和听的艺术，代表了正在进行的全部工作的最高顶点、理想化和优美的极致。我认为，凡不是从纯书本的视角来看待这些学科的人都承认，真正的艺术是从手工艺匠人的工作中诞生的。文艺复兴时的艺术非常伟大，因为它们是从生活中的手工技艺而来的。它们不是从孤立的氛围中脱颖而出的，不论这种孤立的氛围多么完善；而是从家庭、日常的生活形式中获得其精神意义。学校应该重视这种关系。单有手工艺的一面是狭窄的，但是，作为无本之木、无源之水的纯艺术则会变得力不从心、空洞无物、多愁善感。当然，我不是说所有的艺术工作都必须与学校的其他工作在细微之处有关联，而只是说统一协作的精神赋予艺术以活力，赋予其他工作以深度和丰富性。所有的艺术都牵涉身体器官——手和眼、耳朵和嗓子；但是，艺术不只是表达器官所需要的单纯的专门技巧。它包括一种观念、一种思想、一种对事物的精神呈现，然而它又超出任何数量的观念本身。艺术是思想与表现手段的生动统一。这种统一的象征说法是：在理想的学校中，艺术工作可被视为车间的工作，它通过图书馆和博物馆的提炼再次回到行动中去。

以纺织间为例说明这种综合。我正在谈论的是一所未来的学校，希望将来某一天真的出现这样的学校。纺织间是一个工场，在里面可以做一些缝纫、纺纱和编织等实际工作。孩子们在这里可以直接接触原料，接触各种丝绸、棉花、亚麻和羊毛织物。与这些原料有关的知识立刻出现了：它们的起源、历史、具体用途，以及进行原材料加工的各种机械。在解决所涉及问题的过程中，孩子们获得了理论和实践方面的训练。那么，文化素养在哪里呢？通过对所有这些原料和工序所涉及的科学和历史状况的认知，孩子们学会把它们看作技术成就和凝结在行动中的思想；此外，把艺术观念带入纺织间本身也是文化的一种来源。在理想的学校中应该有这类东西：首先，一个完备的工业博物馆，展示处在各种制造阶段的原料样本和从最简单到最复杂的各类生产工具；然后是照片和图片，用以展示原料生长的地域环境、它们的故乡，以及它们的制造地。这样的图片系列是一个生动连续的艺术、科学和工业综合的课程。同样,还要有更完美的纺织样品,比如意大利的、法国的、日本的以及东方的。还要说明已投入生产的设计和装饰花纹颜色的样品。在对世界工业的理想化描述中,文学也会贡献自己的一分力量,比如《奥德赛》(Odyssey)——一部文学经典——的主人公珀涅罗珀(Penelope),是一定工业阶段的社会生活的充分体现。这样,从荷马时代一直到现在,存在一个被转换为艺术术语的相关事实的连续过程。音乐作出了它应有的贡献,从苏格兰的纺车曲到玛格丽特的纺织歌谣,或到瓦戈纳歌剧中的主人公森塔(Senta)。车间成了赏心悦目的彩绘博物馆。工场里不仅有原料——漂亮的木料和图案,而且还将在绘画和图片中给出建筑的历史发展的概览。

因此,我已经尝试指出如何把学校和生活联系在一起,以便儿童能把以熟悉而平常的方式获得的经验用于学校的生活,并把在学校中获得的知识用于日常生活,使学校成为一个有机的整体,而不再是各种孤立部分的组合。学科的隔离和学校系统各组成部分之间的隔离消失了。经验有地理方面的,有艺术和文学方面的,有科学和历史方面的。全部的学科都从地球以及基于地球的生活而来。我们不再有一系列分层的地球,不再有孤立的数学、物理、历史,等等。仅仅依靠其中的任何一层,我们都无法长期生活下去。我们应该生活在一个所有方面相互统一的世界里。全部的学科都从一个伟大的共同世界的关联中诞生。当儿童生活属于这一共同世界的多种多样的而又具体和积极的关联时，他的各门学科自然会被统一起来，使各科互相关联不再是一个问题。教师不必挖空心思，求助于各种设计以把一点数学知识纳入历史课程，或把历史知识纳入数学课程。让学校和生活相联，这样，全部的学科必然相互联系。

此外，如果学校作为一个整体与生活作为一个整体相联，学校的各种目标和理想——文化、训练、知识、效用——都不再是各不相同的东西；我们不再必须为了实现一个目标而选择一种学科，为实现另一目标而选择另一种学科。儿童在社会能力和社会服务方面的成长，他与生活更广泛更有效的联合成了统一的目标；而训练、文化素养和知识都构成生长的各个方面。

我想就我们这所特殊的学校和大学①的关系再说几句。问题在于统一、组织教育，通过把教育作为一个整体与日常生活有机地联系起来而使其各种要素结合在一起。这所附属于大学教育学系的特殊学校，对于从4岁儿童一直延伸到大学研究生的工作，有必要提出某些东西，用来作为这种统一的典型。在由系主任所规划的科学工作方面（甚至经常是在细节方面的计划），我们已经从大学中获得了许多教益。研究生带着他的研究课题、方法建议和问题来到我们这里。图书馆和博物馆可以随时使用。我们想把所有教育方面的事物汇聚在一处；打破

---

① "特殊的学校"即指杜威于1896年创设的芝加哥实验学校，"大学"指芝加哥大学。——译者

把幼年儿童的教育和正在逐渐成熟的青少年的教育分割开来的障碍;把低等教育和高等教育统一在一起,从而让人们知道,既没有低等的教育,也没有高等的教育,而只有单纯的教育。

再特别讲一下教育学方面的工作。我想,我国最早的大学教育学教席已有大约20年的历史——密歇根大学在70年代后期设立的教席。但是,只有一两次讲座试图把理论和实践联系起来。他们大部分的时间通过理论、讲座、参照书本来教学,而不是通过教学本身的实际工作而教学。在哥伦比亚大学,教师学院在大学和师资培养之间建立起广泛和紧密的联系。还有一两所学校本着同样的精神做了一些事。这里,我们需要建立一种更加紧密的联系。这样,大学就会把它全部的资源交给初等学校,为发展有价值的教材和正确方法作出贡献;反过来,初等学校将成为一所实验室,在其中,教育学系的学生可以目睹各种理论和观点被证明、验证、批判、补充和新真理的发展。我们希望学校在和大学的关系方面成为统一教育的有效典型。

略说一点关于学校和教育利益群体的关系。我听说,一位教师出于以下的理由反对我们学校采用某种方法:"你知道,这是一所实验学校。他们工作的环境和我们工作的环境不一样。"做实验的目的,为的是别人不必再去实验;至少不必做那么多的实验,就可以获得某些明确、积极的东西指导实践。实验特别需要有利的条件,以自由、安全地得到实验结果。实验一定要具备所有需要的资源,不受阻碍地进行。如今,所有大的商业企业,所有大的工厂,每个铁路和轮船系统,背后都有自己的实验室。不过,实验室不是一种商业企业;实验室的目标不是为自己获得商业生活的条件,商业公司也不会重复实验室的工作。在发现和验证新真理或新方法,与大规模应用它、使其为许多人所用并使其商业化之间存在很大的差异。但是,首要的事是发现真理,提供所有必备的设施,因为从长远来看,这是世界上最实用的事。我们不想让其他学校亦步亦趋地仿效我们的所作所为。有效典型不是用来复制的,而是用来证明原理的可行性,并用来证明能让典型可行的方法的。因此(回到我们自己的问题),我们在这里想要解决统一性问题,解决学校系统的组织问题,而且在解决问题的时候把这一问题与生活紧密相连,以证明这种组织对全部教育的可能性和必要性。

第四章 大学初等学校的三年①

---

① 这是根据1899年2月约翰·杜威在大学初等学校家长联谊会聚会上的谈话的速记整理而成的,其中有部分改动。

学校开始于三年前1月的第一周。我将用今天下午的时间对开始实验时的观念和问题作一下简短的回顾，并对实验开始以后工作的进展作一番大致的描述。我们从第57街的一所小房子起步，当时有15个儿童。第二年我们发展到25个儿童，校舍迁到了金巴克大道(Kimbark Avenue)的一所房子。在1月，我们又迁到了罗萨利大院(Rosalie Court)，这里宽敞的校舍能容纳下40个儿童。第三年儿童增加到60人，校址依然在罗萨利大院。今年已经有95个儿童注册，学校坐落在艾莉斯大道(Ellis Avenue)5412号。我们希望一直待在这里，直到我们拥有自己的学校建筑和操场。

学校开办第一年时，入学的儿童年龄在6岁至9岁之间。现在他们的年龄则是从4岁到13岁——年纪最大的一群儿童是13岁。今年是我们第一次招收6岁以下的孩子，而这是在我们位于夏威夷火奴鲁鲁①的朋友的帮助下才实现的，他们出资建了一所幼儿园。

第一年的两个学期，学校的费用在1300美元到1400美元之间。今年的费用大约将是12000美元。在这些费用中，5500美元来自学费，5000美元来自对学校感兴趣的友人捐助，还有大约1500美元需要学校进一步筹措。这表明费用在上涨。从一开始，每个小学生120美元/年的教育成本基本上没有改变。

---

① 美国夏威夷州首府和港口城市，华人称檀香山。——译者

相对而言,今年学校费用有所上涨,因为有搬迁费和设备修理、更新费。教师人数的增长加大了工作量,也增加了学校的开支。下一年(1899年至1900年),我们希望有120个儿童,费用显然将会比今年增加2500美元。在这些增加的费用中,新招收学生交纳的学费可贡献2000美元。学校的人均教育成本120美元/年,恰好是大学向每个大学生征收的学费额,是学校平均征收学费的两倍。但是,不能期望大学学费能满足培养学生所需要的花费。尽管出于其他原因增加学费是明智的举措,但这里不增加学费的一个原因在于:从教育的观点来看,初等教育和高等教育需要投资捐助,这是应该加以强调的。我们有充分的理由来解释钱应该花在教育基础工作,以及随后阶段的组织和维持上。

初等学校从一开始就具有两个方面:一方面,对托付给学校的儿童进行教导,这是显而易见的;另一方面,与大学的关系,因为学校处在大学的管理之下,是大学教育学工作的组成部分。

在建校初期,我们头脑中有一些确定的观念——或许称作疑问和问题更合适,以及值得加以验证的某些观点。如果用一种个人化的话语来表达,我愿意这么说:有时候的想法是,学校开始于大量已经确立的原理和观点,需要把它们马上用于实践。人们普遍认为,我是这些现成的等待投入使用的原理和观点的作者。借此机会,我要声明:学校的教育行为,它的管理、教材的选择、课程设计和儿童的实际教学，所有这些几乎完全掌握在学校教师的手中；而且，学校的教育原理和方法有一个逐步发展的过程，并不是固定不变的。教师们从问题入手，而不是从固定的规则入手；如果得到了某些答案，那是学校教师的功劳。总体而言，我们从四个疑问或问题入手：

1. 为建立学校和家庭、邻里生活更紧密的关系，而不是让学校变成单纯学习某些课程的场所，应该做哪些事，如何去做？不幸的是，儿童的学校生活与他的其余的日常生活相分离，我们应该采取什么措施来解除这些障碍？这或许和有时候的理解不一样，并非意味着儿童在学校中应该只学习那些在家庭中已经经历过的事情，而是说儿童在学校里所采取的态度和观点应该尽可能地和家里一样；他在学校里应该找到同样有趣的东西，在学校里做值得做的事情是因为对事物本身的兴趣，他在使其忙碌的游戏和主动作业中发现的兴趣和在家庭、邻里生活中的是一样的。这意味着，学校应该利用儿童在工作和家庭中所持有的动机，这样儿童就不必去获得另外一套专属于学校的行为原则，即独立于家庭的行为原则。这是一个儿童经验的统一性问题，是驱动动机和目的的统一性问题，而不是取悦或让儿童感兴趣的问题。

2. 在介绍历史、科学和艺术教学内容的方式上，我们能做什么？这些教学内容能否对儿童本身的生活具有积极的价值和真实的意义，甚至对最年幼的儿童，在技能或知识上是否存在值得掌握的事物;这些教学内容对于小学生的意义是否和高中与大学科目对于他的意义一样?尽管已经作了许多修正,但各位都了解最初几年的传统课程是什么。已经收集的一些统计数据表明,儿童在学校头三年,75%或80%的时间都花在了形式——而不是实质——的学习上,掌握阅读和书写以及算术的符号上。做这些事情,没有多少真正的营养。其目的是重要的——是必要的。但是,这不代表儿童智力和道德经验的同比增长。儿童的智力和道德经验的增长,应该体现在历史和自然的积极真理的增长上,或者体现在对现实和美的洞察力的提升上。于是,我们想发现的一件事是:在关于他周围世界的知识、世界各种力量的知识、历史和社会变化的知识,以及表达他自己能力的多种艺术形式方面,我们能够给一个儿童多少真正值得他花时间去获得的东西。从严格意义上的教育来看,这已经成为学校的主要问题。我们正是希望沿着这一路径对一般意义的教育作一些贡献;这就是说,我们希望就这一教学内容发展出一套可普遍利用的积极的结构体系,并将其出版。

3. 这些形式化的、符号化的分科训练——精通阅读、写作和计算的能力——如何与日常经验和作为他们背景的职业活动相连?我们以何种方式让儿童通过他们与学科(这些科目因自身的缘故而吸引儿童)的联系感受到将学科与经验相联的必要性?如果真的做到这一点,儿童将非常愿意获得专业能力。这不像我们开玩笑时说的那样,让儿童在学校学习烤面包和缝衣服，而在家里学习阅读、写作和计算。它的意图只是不想让这些形式化的科目一开始就占据如此大的比例，以至于成为关注的唯一对象。儿童应该受他正在做的事情的引导，这样才能感受到掌握和运用符号的需要。在任何一所学校里，如果儿童认识到运用数字和语言的动机，他费尽周折也要获得这一能力；而且只有在他具体运用——而不是一般性地使用——符号的时候，他才能认识到这一动机。

4. 个体关注。通过小的分组而实现——一个班有8或10个人，同时有大量教师系统地监督儿童的理智需要和认知成就，以及身体健康和成长。为实现这一点，我们现在每周有135个小时的教导者时间，也就是每天有3个小时是有9个教师的，或每组一个教师。只要用几句话，就能讲清楚什么是对个体力量和需求的关注。学校的整体目标和方法，不论是道德的、身体的还是智力的，都与此密切相关。

我认为，这四点清晰地阐释了我们想要发现什么。学校通常被称为实验学校，在一定意义上，这种称呼是恰当的。我不想过多地使用这一称呼，以免家长们认为我们在拿儿童做实验。如果这样的话，他们当然会反对。但是，它是一所实验学校——至少我希望是这样——涉及教育和教育问题。我们已经试图通过尝试、实践——而不仅仅是通过讨论和理论化——去发现这些问题是否可以解决，以及如何得以解决。

下面来谈谈为了验证这四个问题和寻找答案而在学校中

所运用的方法。首先来谈谈学校里对不同种类的手工劳动的定位。通常有三种主要从事的行业:(a)使用木料和工具的工场工作,(b)烹饪工作,和(c)纺织工作,即缝纫和编织。当然,还有其他与科学相关的手工工作,因为科学很大程度上具有实验的性质。大家可能没有注意到这样一个事实,即大部分最好和最先进的科学工作都大量涉及手工技能、手和眼的训练。一个人如果没有受过操作、使用仪器和材料的训练,就不可能成为一流的科学工作者。与历史工作相关,尤其与年幼的儿童相关,手工工作是以制作设备、武器、工具等等的方式被引入的。当然,艺术工作是另一个方面——素描、油画和模型。从逻辑上来看,或许体育场上的工作不在此列,而是以身体为中介发展道德和理智控制的方式。儿童们每天都有一个半小时这种形式的体育锻炼。按照这种思路,我们发现,多种多样大量的手工劳动在很多种类和很大数量上是儿童在学校内外保持同样态度的最容易、最自然的方式。在学会系统地运用理智以前,儿童通过身体的活动获得最大数量的发现。指导这些活动,使它们系统化和组织化,这样它们就不会像在校外那样是偶然和任意的了,这就是学校工作的目的。使这些形式的实践活动一起连续、明确地进行,使技能与技能之间互通有无,使理智难点融会贯通,这是最大的困难之一,同时也是我们取得的最大成功。各种类型的工作——木工、烹饪、缝纫和编织被选作不同种类的技能,要求儿童具备不同种类的理智态度,而且它们代表了外部世界每天最重要的活动,即安全生活的问题、每天的衣食问题、家庭的问题、私人活动和商品交换的问题。他同样获得了触觉、视觉等感觉器官的训练,获得了眼和手互相配合的能力。他得到了有益于健康的身体锻炼;因为儿童所需要的身体活动,远远超出一般学校安排的定额。在目的和手段的适应上,在照看工具和设备过程中守序、勤奋和整洁习惯的训练,以一种系统而非任意的方式做事,也需要持续不断地运用记忆力和判断力。于是,这些实践的职业活动再次成为以后学习的一个背景,尤其在年龄小的小组中更是如此。儿童们获得大量与烹饪有关的化学知识、木工中的数学计算和几何知识,以及与他们的编织、缝纫工作相关的地理知识。在了解各种发明的起源和发展以及对社会生活和政治组织的影响时,又引入了历史知识。

总的说来,或许应该对我们的第二个问题给予更多关注。第二个问题是关于积极科目的问题。在历史学方面,如今课程已经十分完备。年龄较小的儿童,从家庭以及家庭的职业活动开始。到6岁的时候,儿童们应该学习家庭以外的职业活动,即比家庭工场大得多的社会工业——农耕、采矿、伐木等等——这样,他们就看到生活所依赖的复杂而多样的社会工业;与此同时,他们偶尔也要去考察木材、金属等各种原料的使用和应用的工序——以此开始他们的科学研究。接下来的一年,让他们了解工业和发明的历史发展——从人还是野蛮人的时候开始讲起,介绍人类向前发展的各个典型阶段,直到铁器时代人类开始进入文明阶段。研究原始生活的目的,不是为了让儿童对低等的、相对野蛮的阶段发生兴趣,而是为了让他知道把人类引向文明的进步和发展的步骤,特别是发明的历程。毕竟,儿童和生命的原始形式存在一定的相似性。生活的原始形式比现在的制度简单许多。通过强调人类的发展过程和所取得的进步,我们希望排除这样的反对意见,即认为不应该过于关注原始生活的粗放和新奇刺激。

接下来的两年或三年时间,即四年级和五年级,或者是六年级,应该开始研究美国历史。应该说,这才是研究历史的开始,因为对原始生活的研究很难称得上是历史研究。

然后是希腊史和罗马史。按照时间顺序,介绍每一年发生的事件,以及与前后事件的关联。

把科学的工作排列起来加以系统化难度更大,因为几乎没有什么先例可循——几乎没有以组织化的方式做的工作。我们现在正按照一个方案而工作,①我不想具体谈论这一方案。前两年或前三年培养儿童的观察能力,引导他们对植物和动物的习惯产生同情的兴趣,学会从应用的角度观察事物。然后,工作的重点转向地理学习——对地球的研究是最核心的事,以后几乎所有的工作都是从这里开始的,而且都可以回溯到这

---

① 今年的方案发表在《初等学校纪要》上。

里。科学工作的另一立足点,是让自然力通过机器服务于人。去年,在电学方面做了大量的工作(今年还会重复这一工作),以电报和电话为基础——学习容易掌握的事物。

在机械力学方面,他们为考察机器各种部件之间的相互配合而研究了锁和钟表。所有这些工作,为以后继续学习正式的物理学打下了极为扎实的基础。烹饪使孩子们有机会获得大量关于热和水及其效果的知识。我们学校所选取的科学工作与其他学校的不同,主要是我们特别强调实验科学部分——物理学和化学,而且不单纯局限于对自然的研究上——对植物和动物的研究。不是说对动物和植物的研究价值不高,而是我们发现,可以从一开始就引入物理的方面。

我没有用多少时间谈音乐和艺术工作,这不是因为我们认为音乐和艺术没有价值或不重要——它们当然和学校里的任何其他工作一样重要,不但在儿童的道德和审美发展上如此,而且从严格的理智观点来看也是如此。我不知道学校里还有什么工作能比音乐和艺术更好地发展注意力、观察和连贯的习惯,以及着眼于整体看待部分的习惯。

现在我就学校的管理方面说几句。开始的时候,我们尽量把不同年龄、不同学识的孩子们混在一起,认为这样形成的互相迁就有利于儿童心理的发展,而年长的儿童从承担照管年幼儿童的责任中也可以获得道德进步。随着学校的发展,不得不放弃这种方式,而按照孩子们的能力分班。不过,这些班级不是基于阅读和写作能力,而是基于心理的态度和兴趣的相似性,以及综合的理智能力和心理敏锐力。我们现在正在尝试用其他的方式把孩子们混在一起,我们不想建立"分级"学校的严格阶梯体系。我们尝试迈出的一步,是让孩子们接触不同的教师。尽管这种方式有其难处和缺陷,但我认为,让儿童和许多具有不同人格的人建立亲密的关系,是学校里最有价值的事情之一。孩子们在一般性的集会中也愿意聚到一处,比如歌唱集会和由不同小组的成员汇报全校工作的集会。年长的孩子每周有一个半小时的时间参加年幼孩子的小组活动,而且,如果可能的话,参加年幼孩子小组的工作,比如手工劳动。我们通过各种方式,努力在全校保持一种家庭氛围,而不是把他们分成孤立的班级和年级。

随着工作的需要,师资力量的组织已经逐渐呈现出院系化的趋势。因此,我们现在把学校工作主要分为科学、历史、家庭或居家艺术、狭义的手工训练(用木头和金属)、音乐、艺术(即素描、水彩、泥塑,等等)和体育。工作进入第二个阶段时,语言和数学同样必然会占据一个更加与众不同的特殊位置。人们经常说,相互关联或非常协调的工作不可能建立在这样的基础上,但我要高兴地告诉大家,我们的经验表明这没有什么内在的困难。通过倾情投入到儿童最佳发展,通过忠实于学校的主要目标和方法,我们的教师已经证明:在教育中和在商业中一样,最好的组织是通过适当关注劳动、兴趣和训练的自然分化而实现的。儿童获得训练的益处，与各行专家接触得到知识，而每个教师则以不同的方式服务于共同的思想，从而使之丰富和强化。

道德的方面，即所谓的纪律和守序方面，或许是大学初等学校遭受误解和错误表达伤害最多的方面。我只想说，我们的理想一直是并将继续是家庭生活的最佳形式，而不是一种僵化的分级学校。在分级学校中，一位教师照管许多儿童，小学生们只有非常有限的活动模式可供选择；在这种条件下，某种固定、外在形式的"遵守秩序"很有必要。我们学校的条件与此不同，照搬这些纪律和秩序将是愚蠢之举，我们学校的小班化允许而且要求儿童和教师之间最紧密的人际交往和工作的多样化，以适应不同儿童的需要。我们给孩子们比平时更多的自由，目的不是松懈或降低真正的训练，而是因为在我们学校具体的条件下，可以让儿童担负的责任更重大和更精简，而他们身心的全面发展更和谐和更完善。我相信，已经把孩子托付给我们一段时间的家长都会同意，尽管孩子们喜欢或愿意上学，但工作而非娱乐才是学校的精神和教学；而我们学校环境所许可的这些自由，目的是建立和强化品格。

经过三年的时间，我们现在敢说，我们当初的一些疑问已经获得了肯定的答案。儿童们从15人增加到近100人，费用实际增长一倍，这些都证明家长们乐于接受以个人成长为唯一目标的教育形式。一个有组织的教育团队的出现证明：经过严格教育的教师,愿意把过去长期为高等教育所掌握的同样的训练、知识和技能资源带入初等教育。学校的日常工作表明,儿童在学校的生活可以和校外的生活一样,而他们的智慧、友善和服从的精神同样能日日增长——他们的学习,甚至是年幼儿童的学习,可以把握真理的实质,能够观察和培养知识的形式;这样的成长,是真正彻底的成长,是令人欣喜的成长。

第五章 初等教育心理学

大多数公众很自然地对儿童每天在学校里做些什么感兴趣。儿童的父母更是如此,因为他们是为了获得所期望的结果,而不是为了对教育理论作贡献,把自己的孩子送到学校里来。从总体上来看,那些来学校参观的人们确实能在不同程度上发现儿童身上发生的变化,但是,他们很少有兴趣或时间考虑现象背后的问题。对学校工作的这一方面不应失察,因为只有这一方面受到关注,学校才能保住赞助者的信任和学生的入学率。

然而,一所由大学的一个系开办的学校必须有另一方面。从大学的立场来看,它工作中最重要的部分是科学工作——它为教育思想的发展所作出的贡献。以教育一定数量的儿童为目标,很难为大学偏离自己的传统提供辩护——传统上,大学把自己限制在教育那些已经完成中等教育的人上。只有具备堪与其他科学实验室相媲美的科学目的和实验行为,才能使大学有理由维持一所初等学校。这样一所学校,是应用心理学的实验室。也就是说,学校是对儿童发展和表现出的心理进行研究的场所,是寻求看起来最有可能实现和推进正常发展环境的材料和人选的场所。

这不是一所师范学校或一个培养教师的系。它不是一所模范学校,它不想证明任何特殊的观念或信条。学校的任务是根据现代心理学所阐明的心理活动原理和生长过程来观察儿童教育的问题。这个问题本质上是不可穷尽的。任何一所学校所能做的事情就是在某些方面作出自己的贡献,意味着在理论和实践两方面必须以这种眼光去考虑教育。既然目的是这样,学校的条件当然必须与之相适应。在阻碍儿童生活的许多重要事实的人为条件下研究生长的过程和规律,显然是荒谬的。

在实践的层面,这一实验室采取建立一系列课程的形式,这些课程与儿童的能力和经验生长的自然历史是协调一致的。在对既定的生长阶段的主要需要和能力作出最明确的解答的时候,问题在于选择科目的性质、种类和恰当的比例。我们对于这些问题的知识的局限性和无知的程度,不论怎样充分或坦率地承认,都不过分。没有人能合乎科学地完全把握任何年龄的儿童生活的主要心理事实。声称最适于促进这种生长的材料已经被发现,这纯粹是一种推测。相反,教育实验室的假设是,关于生长的条件和模式的知识已经足以使明智的探讨成为可能;而且,只有依据已经掌握的知识,才能有更多的发现。关键的是,这种实验能增强我们的合理性信心。要求是,保证各项安排允许和鼓励自由的研究,这样才能确保重要的事情不被忽视;保证具备使探究所指引的教育实践能够得到真诚遵守的条件,而不会因过度依赖于传统和先入之见而受到扭曲和压抑。正是在这一意义上,学校将成为教育的实验基地。

那么,从心理学中采纳的主要工作假设是什么呢?在某种程度上与被采纳的心理学假设相对应的教育上的假设是什么呢？

可以通过在当代心理学和过去的心理学之间进行对比来讨论这些问题。对比从三方面进行。早期的心理学把心灵看作直接与一个外部世界相联系的单纯的个别事件，它所探寻的唯一问题是世界和心灵以何种方式相互作用。如果宇宙间有一个独立生存的心灵，人们所认识到的整个过程在理论上就一定是完全相同的。目前的趋势是把个体心灵看作社会生活的一个函数——自身无法独立运行或发展，而是需要社会媒介的不断刺激，并在社会支持中找到其营养。遗传的观念让个体身心素质来自种族遗传的观念十分流行：个体持有从过去继承下来的一种遗产，并将其传给后世。进化的观念使这样的认识广为流传，即不能把心灵看作单独的、专有的领地，而是人类的思想和努力的结果；它在社会和自然的环境中发展，社会需要和目标对心灵的形成起着关键的影响——野蛮和文明之间的主要区别，不在于每个人都需要面对的赤裸裸的自然界，而在于社会遗传和社会媒介。

对童年的研究同样表明，这一社会习得的遗传只在当前的社会刺激下才作用于个体。自然必须配以光、声、热等物理刺激，但是，它们所承载的意义和对它们的解释都依赖于儿童生活于其间的社会以何种方式对待儿童。单独光的物理刺激不是全部的事实；通过社会活动和思想对它的解释，它才被赋予意义。通过模仿、暗示、直接的教导，甚至更多间接而无意识的教诲,儿童学会了判断和处理纯粹的物理刺激。在短短几年的时间里,通过社会媒介,儿童就重新经历了人类用几个世纪的历程所完成的发展。

教育实践表现出对流行心理学无意识的适应和融合,两者都生长于同一土壤。由于心灵被认为是通过与世界的直接联系而获得其内容的,所以,教育儿童的全部需要被认为可通过让儿童与分别被标识为地理、算术、语法的一堆堆外部事实直接接触而得到满足。这些事实的分类只是对过去社会生活的简单选择,这一点常常被忽略;它们是社会条件的概括,反映了为社会需要而找到的答案,这一点也常常被忽略。无论在教材中,还是在教材对儿童产生的固有感染力中,都见不到社会的因素;它完全被教育者排除在外——在教育者使用的鼓励、告诫、要求,以及教育者为吸引儿童注意而设计的方法中,只偶然地闪烁一点社会的微光。只有当学科不再单纯呈现为外在的学科,而是被从与社会生活关联的角度看待时,才能获得最有效的方式和儿童生活的充分意义,这一点恰恰被忽略了。为了成为儿童行为和品格不可或缺的组成部分,学科不能单纯作为信息的条目被吸取,而必须作为儿童当前需要和目标的有机部分——这些需要和目标反过来又是社会性的,这一点同样也被忽略了。

其次,以前的心理学是知识心理学,是理智心理学。情绪和努力在其中只占据一个附带和派生的位置。关于感觉谈了许多——关于行动却几乎什么都没说。其中也有对观念以及观念起源于感觉还是起源于固有的精神官能的讨论;但是,对观念起源于行为需要的可能性却不置一辞。观念对行为的影响,被视为一种外部的附属品。今天,我们相信(借用詹姆斯先生的话说),理智、感觉和观念的范围不过是一个"中间环节,而我们有时把它们看成是最后的,在可能充满于这个中间环节的、极为多样的认识细节和复杂性中,没有看到它只能有一个基本职能——为我们眼前的或长远的活动定向"。

这同样是教育实践和心理学理论之间的一种预设的和谐。学校里的知识是孤立的,并且自成目的。事实、定律、信息是课程的主要内容。教育理论和实践方面的争论在这两派人之间展开:一派更多依赖知识中的感觉因素,依赖与事物的接触,依赖实物教学,等等;另一派则强调抽象的观念、概括——即所谓的理论,实际上是其他人在书本中表述的观念。两派都不曾尝试把感觉训练或逻辑运作与实践生活的问题和兴趣联系起来。如果我们假设心理学理论代表任何生活的真理,那么,这里再一次指明一种教育转变。

第三点不同,是把心灵主要看作一个过程的现代概念——一种生长的过程,而不是固定之物。按照以前的观点,心灵就是心灵,这就是事情的全部。心灵自始至终都是同一个,因为不论是儿童还是成人,心灵都被装备以同类的官能。如果要作出什么区分的话,那也只是有些现成的官能——比如记忆——

发挥作用的时间早一些,而其他一些官能,比如判断和推理,只有在儿童已经通过记忆的训练变得完全依赖于别人的思想以后才开始出现。获得认可的唯一重要区别是数量的总量上的区别。儿童是小大人,他的心灵是小的心灵——除了形体的大小以外,一切和成人都是一样的,有它自己齐备的注意、记忆等官能。现在我们相信,心灵是生长着的东西,因而在本质上是变化着的,在不同时期呈现出能力和兴趣不同特点的东西。在生活连续性的意义上,这些不同阶段的心灵是同一的,但由于每一阶段都具有自己特有的要求和功能,因此,在不同阶段又各有不同。"先长叶,后结穗,最后才是谷粒。"

教育和心理学在这一点上的一致性,无论怎么强调都不过分。即使是无意识的,学习的过程仍完全为如下假设所控制:由于心灵和心灵的官能自始至终是不变的,那么成人的教材,即按逻辑排定的事实和原则,就是儿童的自然的"学习"——当然要经过简化,让它们变得更容易,因为剪过羊毛的羔羊经不住强风。其结果就是:儿童的心灵和成人的心灵在传统的课程中是绝对一样的,只是在总量或能力上的分量除外。整个宇宙首先被划分为不同的类别,称为学科;接着,每一学科再划分为不同的部分,再把某几个部分划定为某一年的课程。没有区别发展的次序——只要早期部分比后来部分容易就足够了。杰克曼(W. S. Jackman)先生在说明这类课程的荒谬性时说:"地理老师一定觉得是上帝眷顾了他们,因为他正好设定了四五个大洲,这样从过去开始学下去,每个年级学习一个大洲,用八年的时间刚好学完。这是很容易的,也确实是自然的。"

如果我们再次认真地把心灵看作生长,生长的每一阶段都有其特有的典型特征,那么,很显然,这里又一次指明了一种教育的改造对学科课程材料的选择和分类,必须参照既定阶段中活动的主导方向的适当养分而定,而不是参照既定知识体系被切割成的部分而定。

当然,提出上面那样的一般命题是比较容易的,用它们来批评学校的现有条件是比较容易的;通过它们推进某种不同事物的必然进程也比较容易。但是,艺海无涯,困难在于把这样的观念付诸实践——在于确定在既定的时间里什么样的材料和方法以何种比例和排列是可利用的和有效的。这里,我们必须再次回到实验室的观念。对类似的问题没有预先的答案。传统教育没有给出答案,因为传统教育基于一种完全不同的心理学。单纯推理不能给出答案,因为它是一个事实问题。只有通过尝试,才能找到这些答案。寻求真理意味着在未知领域的试验。拒绝尝试,盲目坚持传统,就是拒绝能把理性信念引入教育的唯一步骤。

下列陈述只报告了过去五年中开始的几个方面的探索,有些探索的结果刚刚出来。这些结果是试探性的,当然,就其比较明确地意识到问题是什么而言,它们为未来更明智的行动扫清了道路,这是一个确定性的进步。同样应该说明的是:从实践上来看,在许多情况下,由于管理上的困难,由于缺少资金——困难主要在于缺少专用建筑和设备,以及没有足够的资金聘请某些重要领域的全日制教师,尚不可能完全依照已获得的最佳观念而行动。实际上,随着学校学生人数的增长,随着学生年龄越来越大、越来越成熟,在没有足够设备的情况下,将实验进行多久才是适当的,已成为一个严重的问题。

接下来,谈谈为心理学假设而找到的教育答案。这从发展阶段谈起来比较方便。第一个阶段(大致是儿童4—8岁阶段)的特点是社会和个人兴趣的直接性,以及印象、观念与行为之间的直接性和即时性。寻找一个表达的发泄口的要求十分迫切。因此,这三年的主题是从参与儿童的社会环境的生活状态中选择教材,而且,尽量让儿童重演接近社会形式的某些事情——在玩耍、游戏、作业,或微型工艺、讲故事、图画想象和谈话中。开始的时候,材料是最接近儿童自己的东西,比如家庭生活和邻里环境;接着继续延伸至稍远一些的东西,比如社会职业活动(特别是那些触及城乡生活相互依赖性的活动);然后,再延伸至典型的职业活动和与其相关的社会形式的历史发展。材料不是呈现为课程,呈现为需要学习的东西,而是呈现为通过他自己的活动而被吸纳为儿童本身的经验的东西。这些活动可以是编织、烹饪、工场工作、雕塑、戏剧表演、对话、讨论、讲故事,等等。这些东西反过来又是直接的媒介,是原动力的形式或表现性的活动。它们受到重视,被看成是学校课程的主导,其目的是为了保持这一阶段儿童生活特征的知与行之间的密切联系。于是,对儿童来说,其目标不是把学校当作一个孤立的场所,而是能在学校中重演他的校外经验的典型方面,以扩大、丰富并逐渐表述他的经验。

第二阶段,年龄从8、9岁至11岁或12岁。这一阶段的目标是对儿童身上所发生的变化作出识别和回应。这些变化来自他对更持久、更客观的结果可能性的逐步深入的理解。当儿童识别出特别明显的、本身就要求予以注意的、与众不同而持久的目的时,此前模糊而不固定的生活统一体就瓦解了。儿童不再直接地满足于仅仅是游戏的活动,而必须有完成什么事的感觉才行——必须有通向一个明确、持久的结果的感觉。因此,就有了对行动的规则——也就是说,对适合于达到永久结果的一般手段的认识——就有了对掌握特殊过程价值的认识,从而在应用过程中获得技能。

因此,在教育方面,就教材而言,问题在于把模糊的经验统一性区分为特征鲜明的典型的状态,选出那些向人类清楚证明了为实现其最高目标而统摄特定的媒介和思想行为方法的重要性的经验。方法方面的问题与此类似:引导儿童认识到他自己类似发展的必要性——需要获得对工作和探究方式的实践和心智上的控制,这些工作和探究方式能使他独立地认识结果。

在更直接的社会方面,美国历史(尤其是殖民地时期的历史)被选择出来,作为忍耐、勇气、机智以及使手段适应目的的持续判断,即使面对巨大危险和阻碍同样如此的范例;由于材料本身如此的明确、生动和人性化,以至于直接进入儿童的描述性和建设性的想象力之中,并由此成为他自己正在扩大的意识的一部分。由于我们的目的不是要"讨论问题",而是要认识业已取得社会后果的社会过程,因此不需要按年代顺序学习美国历史。相反,可以选取一系列典型:芝加哥和西北部密西西比峡谷;弗吉尼亚、纽约,以及新英格兰的清教徒和朝圣者,目的是把气候和当地环境呈现出来,了解人们当时所遇到的各种障碍和解决办法,认识各种历史传统,以及不同民族的风俗和目的。

其方法就是呈现大量有关周围环境的细节、工具、服装、家用器皿、食物,以及日常生活方式,这样,儿童就能按照生活而不是单纯的历史知识来复制材料。通过这种方式,社会的过程和结果变成了真实情况。而且,在儿童和所研究的社会生活之间的个人和戏剧性的同一以外,现在又伴随产生了心智的同一——儿童设身处地地考虑必须面对和重新发现的问题,尽可能地找出解决这些问题的方法。

一般的观点——使手段与目的相适应——同样控制着科学工作。为方便起见,现在把它区分为两个方面——地理的方面和实验的方面。正如刚才所说,由于历史工作依赖于对提供资源和呈现急迫问题的自然环境的重视,所以自然地理学连同它所研究的山脉、河流、平原、自然运动和交换路线,以及每个殖民地的动植物都受到高度关注。这可以和野外短途旅行相联系,目的是让儿童在复制更遥远的环境的时候,能够从观察中获取建设性的想象力所需要的资料。

在实验方面,对产生典型的有价值的结果的过程进行了研究。儿童早期阶段的活动直接是生产性的,而不是研究性的。儿童的实验是积极行动的模式——几乎接近于他的玩耍和游戏的程度。此后,他试着去发现如何掌握不同的材料或媒介以获得某种结果。因此,它与以发现事实和验证原则为目的的科学意义上的实验显然有别——这与第二阶段是相适应的。由于实用的兴趣占据主导地位,因此,这是应用科学研究而不是纯粹科学研究。例如,对殖民生活具有重要意义的工序被精心地选择出来——漂白、上色、肥皂和蜡烛制造、锡盘制作、苹果酒和醋的酿制,带出了对油料、油脂、初级冶金术的化学研究。"物理学"同样开始于实用的需要,需要对纺轮和织布机的能量消耗与转化进行研究;锁、天平等工具是对机械原理的日常运用,而电铃和电报等都是电学知识的运用。

在其他工作中,同样要强调手段和目的之间的关联。在艺术活动中,必须关注角度、空间和物体的比例、色彩混合和对比的平衡及效果等实际问题。在烹饪中,会涉及食物成分以及烹饪的媒介对食物成分的影响等问题。在缝纫中(比如在缝制布娃娃的衣服时),会用到裁剪、搭配的方法,后来还会用到缝针等技术动作。

　　显然,工作和兴趣涉及领域的不断分化,带来了不同学科之间更强的个性和独立性,这时必须特别注意在两个方面保持平衡:一方面是不适当地分化和隔离,另一方面是漫不经心地处理大量的主题,对任何一个都没有充分重视和突出特点。第一个原则①造成了工作的机械化和形式化,使它和儿童的生活经验以及对行为的有效影响分割开来。第二个原则(对大量主题漫不经心地处理)使工作变得散漫和模糊,使儿童不能明确控制自己的能力,或者清楚地理解自己的目的。或许只是在现在,手段和目的的自觉关系的具体原则才成为这个时期的统一原则;我们希望,在全部工作中,对这点的强调将会对儿童的发展产生累积性的、统一的影响。

　　我们还只字未提扩展和控制经验的一个最重要的手段——控制社交或习俗的符号——语言符号,包括数量的符号。这些工具的重要性如此之大,以至于传统课程或者读、写、算三门课程都是以它们为基础的——小学教育的头四年或头五年中,60%至80%的时间都放在这三门课程上。

　　这些科目在两重意义上是社会性的。它们代表了社会在过去为理智追求而创造出来的工具。它们代表了能为儿童打开社会资本的财富的钥匙,而这些财富本来处在儿童有限的个

---

① 指的是分化和隔离。——译者

人经验的可能范围之外。尽管这两种观点必须永远赋予这些技能在教育中极为重要的位置,但它们同时也要求在引入和使用它们时对某些条件加以留意。在大规模直接应用这些学科时,这些条件未被提及。当前与读、写、算三门课程相关的主要问题是承认这些条件,并根据这些条件对工作作出调整。

这些条件可归纳为两条:(1)儿童在他自己个人的、生动的经验中应该具备与社会现实和自然现实相联系、相熟悉的各种背景。为了防止符号蜕变为纯粹二手的、习惯性的现实替代物,这是十分必要的。(2)让儿童的问题、动机和兴趣充满更平常、更直接、更个人化的经验,促使他们通过阅读找到这些问题的答案,满足他们的动机和兴趣追求。否则,儿童就不会带着理智饥渴、敏锐和探寻的态度走进书本,而最后将是令人惋惜的结果:对书籍的谦卑依赖削弱了思想和探寻的活力,与阅读的结合仅仅是为了偶尔的幻想刺激、情感的放纵,以及从现实世界逃离到假想的天地里。

于是,这里的问题是:(1)在作业、表达、交谈、建造和实验中让儿童有足够多的个人活动,这样他的道德和理智个性就不会埋没于比例失调的书本中的他人经验;(2)通过这一更直接的经验,使儿童体会到利用和掌握传统的社会工具的需要——使他具备这些动机,让他明智地利用这些工具以提高自己的能力,而不是被动地依赖于它们。如果这一问题得以解决,那么,语言、文学和数字的工作就不再是机械训练、形式分析和诉诸感性兴趣(即使是无意识地)的结合;也不再有任何理由担心书籍以及与书籍相关的东西不能承担它们所应该承担的角色。

不用说,这个问题还没有得到解决。常听到人们抱怨说,儿童在这些传统的学校科目中的进步被新设立的课程所牺牲掉了。这种抱怨充分证明,精确的平衡尚未建立。目前为止,学校中的经验即使不具有证明性,至少预示了下列可能的后果:(1)更直接的活动模式、建造性工作和作业、科学观察和实验等,为阅读、书写(和拼写)和计算工作的必然运用提供了大量机会和机遇。可以把这些事物当作儿童经验的有机成果而非孤立学科来引入,问题是如何以一种系统的和发展的方式利用这些机遇。(2)因此,这些学科获得的附加的有效性和意义,使大幅度压缩通常所投给它们的时间成为可能。(3)对这些符号的最终运用,不论在阅读、计算还是在写作中,都更理智和更少机械性、更积极和更少消极接受性;更多的是能力的增长,而单纯的娱乐性则更少。

另外,增长的经验似乎清楚地说明了下列几点:(1)在早年对符号的认识和使用的教学中,求助于儿童的生产和创造能力是可能的;原则上,这和在其他看起来更为直接的工作中是一样的,而且儿童还可以通过限定的、明确的结果衡量自己的进步。(2)不充分考虑这个事实,就会使这些工作的一些方面出现不当延迟的后果。其结果是,智力上已经发展到更高水平的儿童,对在早期本来可能是表现能力和创造的活动形式感到厌烦。(3)在用于这些学科的时间计划中,需要有阶段性的集中和轮换——所有需要掌握技术和具体方法的学科也是如此。这就是说,不要依照计划在同一时间以同一速度开设全部科目,而是常常需要让某个儿童学习后面的课程,同时让另一些儿童学习前面的课程,直到让他知道他已经具备继续学习和独立运用的能力或技能。

初等教育的第三个阶段与第二个阶段没有截然的界线。当儿童对各类事实和活动模式有了充分、直接的认识,当他充分掌握了与经验的不同阶段相适应的思想、探究和活动的工具,可以出于技术和理智的目的而专门研究特有的学科和技艺,这时他就进入了第三阶段。尽管这所学校有一大批处在这一阶段的儿童,但是由于学校建立的时间不长,因此,还不能就此得出什么确定性的结论。不过,我们当然有理由希望,通过过去五年的经验所了解的困难、需求和资源,可以带领儿童顺利地走过这一阶段。他们不会丧失缜密性及智力的训练,或对专门的学习工具的掌握。他们一定会积极地扩展生活,对生活持有一种更广阔、更自由和更开放的态度。

第六章 福禄培尔教育原理

芝加哥大学初等学校的一个传统,来自学校建立初期一位要来参观幼儿园的访问者。在被告知学校当时还没有成立幼儿园的时候,她询问学校里是否有歌唱、绘画、手工训练、游戏和戏剧改编,以及是否关注儿童的社会关系。当她的问题得到肯定的回答时,她以胜利的而又义愤的语气评论道,这正是她所理解的幼儿园,但她不理解这个学校没有幼儿园是什么意思。她的说法即使在字面上不正确,在精神实质上也许是正确的。无论如何,从这一说法可以看出,在某种意义上,学校一直努力在所有年级(现在包括 4 岁到 13 岁的儿童)中贯彻或许是福禄培尔第一个有意识地提出的某些原理。概括地说,这些原理是:

1. 学校的首要职责是在合作和互相帮助的生活中训练儿童,培养他们相互依存的意识;实际上,帮助他们把这一精神落实到公开的行动中。

2. 一切教育活动的首要根基在于儿童本能的、冲动的态度和活动,而不在于对外部材料的呈现和运用,不管是通过他人的观念还是通过感觉;因此,儿童无数的自发活动、玩耍、游戏、模仿活动,甚至婴儿的明显无意义的动作——以前这些被当作琐碎的、无益的甚至邪恶的表现——都可能具有教育作用,甚至可以充当教育方法的基石。

3. 在维持前述的合作生活时,利用这些个人倾向和活动,对它们加以组织和指导;利用这些倾向和活动,在儿童的水平上复制规模更大、更成熟的社会(也是他最终将踏入的社会)中的典型行为和作业;通过生产和创造性的使用,获得和通晓有价值的知识。

如果这些陈述正确地反映了福禄培尔的教育哲学,那么,学校就应该成为其教育哲学的阐释者。学校以极大的信心和热忱把这些原理用于12岁的儿童,并以同样的信心和热忱将其延伸到4岁的儿童身上。当然,在幼儿园阶段(4—6岁)的实际工作中,学校对原理作了一些必要的修改。虽然其中一些修改具有明显激进的特点,但它们依然忠实于福禄培尔的精神。

关于游戏

不应该把游戏和儿童的外部活动等同起来。相反,游戏表明了儿童整个心理态度。游戏是儿童全部能力、思想和以具体化的、令人满意的形式表现的身体运动,是他们的意象和兴趣的自由运用和相互作用。从消极方面来说,游戏摆脱了经济压力——谋生和供养别人的必要性——并从与成人的特殊使命相连的固有责任中解放出来。从积极方面来说,游戏意味着儿童的至高目标是生长的充分性——充分实现他萌发的能力,使他能连续不断地从一个阶段过渡到另一阶段。

这是非常一般的陈述,从它的一般原则理解,它是如此空泛以致与实践没有什么关联。然而,它在应用中的具体意义,有可能在许多方面、也有必要对幼儿园的工作程序作出根本性的改变。直截了当地说,"游戏"指示着儿童的心理态度而不是他的外在表现,这一事实意味着从遵守任何既定的或规定的体系的必然性中彻底解放出来。明智的教师当然会致力于发现有关福禄培尔所提到的活动的建议[在《母育游戏》(Mother Play)以及其他著作中],发现有关其追随者所提出的活动的建议;但是,她①同样也应该记得,游戏的原则要求她认真考察和挑选这些活动,确定这些活动是真的适合她自己的儿童,还是只适合生活在不同社会环境中的过去时代的儿童。就作业、游戏等使福禄培尔和其早期追随者的理论流芳百世而言,可以公平地说,推论在许多方面都与他们的理论相反——推论认为,在推崇福禄培尔所讨论的外在行为时,我们已经不再忠实于他的原理。

教师必须绝对自由地从所有途径中获得建议,她要问自己如下两个问题:首先,所建议的游戏模式是否诉诸儿童本人?在他身上有没有这一模式的本能基础,这一模式是否能促进儿童本来具有且正在努力展示的能力的成熟?其次,所建议的活动是否为那些能把儿童带入更高意识和行为水平的冲动提供表达的途径?还是仅仅使儿童兴奋一阵,然后依然把他抛回原来的状态,只剩下神经的疲惫和对以后更强烈兴奋的渴望。

---

① 指明智的教师。——译者

有充分证据表明,福禄培尔认真研究了儿童的独自游戏,以及母亲和婴儿之间的共同游戏。他同时还花了很大工夫——比如在《母育游戏》中——指出,某些非常重要的原理是复杂的。他不得不提醒他的同代人一个事实,这些事情并非因为是儿童所为就一定是微小和幼稚的,它们是儿童生长中的本质要素。不过,我看不到任何证据表明,他认为就是这些游戏而且只有这些游戏才有意义,或者他的哲学解释背后有任何超出刚才所提到的动机。相反,我相信,他希望他的追随者继续开展对同年龄儿童的条件和活动的研究,而不是一字不动地坚守他已经取得的研究成果。而且,福禄培尔本人不大可能认为他对这些游戏的解释方法已经超越当时最好的心理学和哲学方法;可以设想,他比其他任何人都更期待出现一种更好、更广泛的心理学(不论是普通心理学、实验心理学,还是儿童心理学),而且他自己会利用这一心理学的结论来重新解释活动,更细致地讨论它们,以使它们为教育所用。

象征主义

必须记住,福禄培尔象征主义在很大程度上是他本人特殊的生活和工作条件的产物。首先,由于对那一时代儿童成长的生理和心理的事实和原则没有充分的了解,他不得不经常对游戏之类的价值作出牵强附会的、矫揉造作的解释。对不怀偏见的观察者来说,他的许多论述显然过于笨重和勉强,他所提供的抽象的哲学理由现在都可以换作简单的、日常的表述。其次,在德国普遍的政治和社会环境下,无法想象幼儿园的自由、合作的社会生活和外面世界的社会生活之间的连续性。因此,他未能把学校中的"作业"看作对共同体生活中的伦理原则的原原本本的复制——共同体生活中的伦理原则限制性和权威性过强,不能当作有价值的原型。

因此,他不得不把它们看作抽象的伦理和哲学原理的象征。与福禄培尔时代的德国相比,今天美国的社会环境发生了充分的变化和进步,这就可以保证幼儿园的活动比福禄培尔的追随者所做的更为自然、更为直接,也更能反映现时的生活。即便如此,福禄培尔哲学与德国政治理想的裂痕依然使德国当局对幼儿园持怀疑态度,并毫无疑义地迫使福禄培尔对幼儿园简单明了的社会意义作复杂难解的理智解释。

想象和游戏

对象征主义的过度强调,肯定会影响对想象的处理。儿童当然是生活在想象的世界中。在某种意义上,他只能"假装"(make believe)。他的活动反映了或代表着他所看到的发生在他身边的生活。由于这些活动是代表性的,它们可称作象征的;但是,一定不要忘记,这一"假装"或象征主义是指向活动的。除非它们对于儿童就像成人的活动对于成人一样的真实和确定,否则,其必然的结果一定是矫揉造作和身心疲惫的,要么是身体和感情的兴奋,要么是能力的消退。

幼儿园里有一种奇怪的、几乎无法解释的倾向,这种倾向认为,由于活动的价值在于它对儿童所象征的东西,因此,使用的材料一定要尽可能人工化,而儿童则一定要小心翼翼地与真实的事物和真实的行为保持距离。于是,我们听到用沙子代替种子的园艺活动;儿童用伪造的笤帚和抹布打扫伪造的房间;他们用裁成盘子形状的平面纸来布置一张桌子(后来甚至只按照几何图形而不是真实的盘子来裁纸),代替了儿童在幼儿园以外常用的玩具茶具。布娃娃、玩具火车、车厢等东西因为过于粗俗——因此,不能培养儿童的想象力——而被禁用。

所有这些,当然不过是迷信。儿童的想象力通过他对自己使用东西的理解、回忆和预测而得到提高。这些东西越自然、越平易,就越能为他的想象力提供明确的基础。儿童们所参与的简单的烹饪、刷盘子、洒扫等,对他们来说就像五子棋一样平实或实用。对儿童来说,这些作业活动负载了太多神秘的价值,而这些价值通常是成人强加在他们自己所关注的东西上的。因此,只要可能,材料一定要"真实"、直接和简单易懂。

但是,原理并没有就此结束——被表征的现实必须同样处在儿童自己的理解能力范围内。人们常常认为,想象力的运用越是代表飘渺的形而上学和精神原则,就越是有益。可以有把握地说,在大部分这样的例子中,成人自己骗了自己。他既意识到了现实,也意识到了象征,并因此意识到了二者的关联。

但是，由于所反映的真理或现实远远超出儿童的理解能力，所以，他所设想的象征对儿童来说，根本就不是什么象征，而不过是独立的客观之物。实际上，儿童从象征中获得的是它本身的身体和情感意义，往往再加上他知道教师对他的期望是流利的语言和灵巧的态度——但却没有任何相应的智力上的获益。我们以为自己通过象征教授的是精神真理，而实际的情况是：我们教授的常常是不真诚，灌输感情主义，培养激情主义。因此，儿童所复制的实在事物应当尽可能具有熟悉、直接和真实的性质。主要是由于这个原因，我们学校的幼儿园工作选择以复制家庭生活和邻里生活为中心。这把我们带向"教材"问题。

教材

以房子、家具、家居设施为背景的家庭生活，连同家庭中所进行的作业活动，为儿童提供了与他有直接、真实关联的材料，他自然而然地倾向于在想象中复制这些材料。家庭生活中丰富的伦理关系和道德责任，同样也在道德方面为儿童提供了养料。与许多幼儿园相比，我们的计划不那么雄心勃勃，但是在教材的限制方面却有积极的贡献。当涉及许多教材的时候（例如，复演工业社会、军队、教会、政府等），工作就会出现过度象征化的倾向。这些材料中有很多内容脱离了4—5岁儿童的经验和能力，以至于他实际上从中得到的只是身体和情感的放松——他从未真正进入教材本身。而且，这些雄心勃勃的方案对儿童本人的理智态度有产生不利作用的危险。由于把整个宇宙几乎全部包括在纯粹伪装的模式中，他开始变得懒散，失去了对直接经验的简单事物的自然渴望，并且会带着一种已经一切烂熟于心的情绪学习小学一年级的教材。儿童以后的生活有其自身的权利，而一种肤浅的、简单的情感的提前使用，有可能对儿童造成严重的伤害。

而且，还存在另一种危险，即会养成一种从一个题目迅速跳转到另一个题目的心理习惯。年幼的儿童已经具备相当多的某种类型的耐心和某种忍耐力。的确，他偏爱新奇和变化，他对不能通向新领域、不能向新的探索渠道开放的活动很快就会感到厌倦。然而，我不是为千篇一律作辩护。家庭的活动、设备和工具中有足够丰富的变化，儿童可以赋予它们连绵不绝的多样性。它会不时地触及城市生活和工业生活；当需要的时候，在不偏离主题的情况下可以引入。这样，就有机会培养基于注意并且对整个理智发展都有意义的感觉能力，一种具有连续性的感觉能力。

这一连续性恰恰经常受到以获得它为目标的方法的干扰。从儿童的立场来看，统一性取决于教材——这里所指的，是他总是只和一件事即家庭生活打交道的事实。重要之点是要连续不断地从生活的一个方面转向生活的另一方面，从一种职业活动转向另一种职业活动，从一件家具转向另一件家具，从一种关系转向另一种关系，等等；但是，所有这一切都隶属于建立同一种生活方式,尽管此时这一特征引人注目,彼时另一特征又跃入视野。儿童的工作一直处在一种统一性之中,他赋予不同的侧面以清晰性和明确性,让它们相互贯通,结为一体。当存在各种各样教材的时候,一般就只能在形式方面寻求连续性,也就是说,在序列的方案中,即"工作群"中,在发展每一主题的严格方案中,在作为工作指南的"日程思想"中。作为规则,这一序列是纯粹理智上的,因此只能为教师所领会,而不为儿童所了解。这样,一年、一个学期、一个月和一周等等的方案应该在对这一时段可完成多少总教材的基础上建立起来,而不应该建立在理智或伦理原则的基础之上。只有这样,才能既有明确性,又富有弹性。

方法

低年级所特有的问题,当然是如何抓住儿童的自然冲动和本能,利用它们把儿童带上知觉和判断的更高水平,并使他们养成更良好的习惯;这样,他的自觉性就得以扩大和加深,逐渐增强对行为能力的控制力。不论在哪里,如果这一结果没有实现,游戏就只能带来娱乐而不能带来教育意义上的生长。

整体看来,建造性的或"构建性的"工作(当然,必要时,要利用与建造观念相关的故事、歌曲和游戏进行适当的交换)看来比任何其他方式都更适合用来获得这两个要素——开始于儿童本身的冲动,终结于一个更高的水平上。它使儿童接触多种多样的材料：木头、金属、皮革、纱线，等等；它为以真实的方式使用这些材料提供了动机，而不再仅仅是抽象的象征意义的练习；它唤起了感觉的敏锐和观察的机敏；它要求清楚地描述目标，要求计划机智新颖；它要求执行计划时必须集中注意，必须有个人的责任心，而其结果必须切实可见，以便儿童可以判断他本人的工作并提升他的水准。

对于与幼儿园工作相关的模仿和暗示的心理学需要说几句。毫无疑问，幼儿具有高度的模仿性而且容易接受暗示；同样毋庸置疑的是，他那未经雕琢的能力和不成熟的意识需要通过这些渠道，不断加以充实和指导。正因为如此，很有必要对运用模仿和暗示的两种方法进行区分，第一种方法是外在的，完全非心理的运用；第二种方法则与儿童的活动存在有机联系。一条普遍的原则是，任何活动都不应该从模仿开始。活动必须由儿童发动；可以提供模型或样本，以帮助儿童更明确地描述他真正想要的到底是什么。模仿的价值不在于作为原型复制在行为中，而在于作为概念的充分性和清晰性的向导。如果儿童在行动中不能摆脱模仿来展现自己独立的见解，那么，他只能服从和依赖而没有发展。模仿只能用来加强和帮助，而不能用来创新。

认为直到儿童有意识地表达一个需求之后，教师才能给予他这方面的暗示，这是没有根据的。一个富有同情心的教师，很可能比儿童自己更了解他的本能是什么，意味着什么。但是,暗示必须与儿童发展的主导模式相吻合;它必须仅仅作为刺激,以便使儿童盲目努力去做的事情更充分地产生结果。只有通过观察儿童和注意他对暗示的态度,我们才能分辨这些暗示是促进儿童生长的要素,还是干扰正常生长的外来的、专断的影响。

这一原理甚至可以更有利地应用于所谓指令性的工作。认为任由儿童沉浸在自己未加引导的幻想中和通过一系列指令控制儿童的活动之间不存在中间项,这是无比荒谬的。就像刚才所提到的那样,教师应该知道,在儿童发展的不同阶段分别有哪种能力在努力寻求表达自己,以及何种活动有助于能力的表达,这样才能为儿童提供必要的刺激和所需的材料。比如,游戏室的暗示。从观察已经制造出来用以布置游戏室的东西而来的暗示,从观看其他正在工作的儿童而来的暗示,可以用来指导5岁的正常儿童的活动。模仿和暗示自然和必然地出现,但只作为帮助儿童实现他的希望和观念的工具。它们足以使他明白,使他意识到,自己在以一种含糊不清的、混乱的因而是无效的方法努力寻求东西。从心理学的观点看,可以有把握地说,如果一位教师不得不依靠一系列指令性暗示,这正是因为儿童对于自己要做什么或为什么要做那件事没有自己的意象。因此,儿童通过服从指令没有获得控制的能力,相反却丧失了这一能力——变得需要依赖于外部资源。

最后,需要指出的是,这样的主题和方法直接与6岁大的儿童相联系（对应于小学一年级）。对家庭生活的游戏复制，很自然地过渡到对家庭所依赖的规模更大的社会职业活动作更广泛、更严肃的研究上；与此同时，对儿童自身的计划和执行能力不断增长的要求，把他继续带向对更独特的理智主题的更多关注。一定不要忘记，为获得"幼儿园"和"一年级"工作之间的连续性而作出的重新调整，不能完全根据后者而来。学校的变化必须像儿童的生长一样，是渐进和觉察不出的。除非幼儿园的工作放弃使它孤立的东西，热情欢迎与儿童能力的充分发展同步的材料和资源，并因此使儿童总是在为下一件他必须做的事情做准备，否则上述的目标是不可能实现的。

第七章 关于作业的心理学

作业（occupation）不是指为使儿童不再调皮捣蛋或无所事事而给予他们的任何一种"忙碌的工作"或练习。我所说的作业，指的是儿童对社会生活中所进行的某种工作的复制或模仿。在芝加哥大学初等学校，这些作业包括利用木料和工具进行的工场工作、烹饪工作和纺织工作。

关于作业的心理学的基本价值，在于它维持了经验的理智状态和实践状态之间的平衡。作为一种作业，它是积极的或机动的，它通过身体器官——眼、手等表现出来。但是，它同样也意味着对材料的连续观察，以及连续的筹划和思考，以保证实践的或执行的东西可以顺利地完成。因此，这样理解的作业必须严格区别于主要着眼于商业活动的教育工作。其不同之处，在于它以自身为目的，以生长而不是外在的效用为目的，而生长来自观念与观念在行为中的具体体现，及这两者之间连续的相互作用。

在商业学校以外开展这类工作是可能的，这样，全部的重点就落在手工或身体的方面。在这样的情况下，工作成了单纯的日常事务或习惯，失去了其教育价值。不论在哪里，比如在手工训练中，只要掌握某种工具或生产某种物品成为首要的目的，只要儿童未被赋予选择最适用的材料和工具的理智的责任心，未被赋予思考他自己的工作模式和计划，以及察觉自己的错误并发现纠正错误（当然是在他们的能力范围内）的机会，那么，上述的情况就是一种不可避免的倾向。只着眼于外部的结果,而不在于实现这一结果过程中的心理的和道德的状态和生长,就此而言,这种工作可称为手工的工作,而不能称为一种作业。当然,所有单纯的习惯或日常事务的倾向,都造成无意识或机械性的行为。作业的倾向是要把最大限度的自觉性注入所做的任何工作中。

这使我们能够对两个重点加以解释:(a)与纺织工作有关的个人的实验、计划和再发明;(b)与历史发展线索对应的东西。前者要求儿童在每时每刻都能敏捷和机敏,以便正确地完成外部的工作,后者则丰富和深化了重塑社会生活的价值的工作。

这样理解作业,为感官训练和思维训练提供了理想的场地。训练感官的普通观察课程的弱点是它们在自身以外不再有释放的渠道,因此就没有必要的动机。而在个人和种族的自然生活中,则总是要有进行感知——观察的理由,总是有要达成某种目标的需要,才能促使他四处找寻能够为他提供帮助的东西。正常的感觉在确定必须进行的活动时起着提示、辅助和激励的作用,它们不以自身为目的。在离开真正的需要和动机以后,感官训练变成了单纯的体操训练,并且很容易蜕变为观察时的花招和诡计,或者单纯的感官刺激。

同样的原则适用于正常的思维。思维同样不是为了自身的缘故,不是以自己为目的。它的产生是为了解决某些困难,是寻求克服困难的最佳途径,因而它导致在思想上计划和设计所要实现的结果,并确定必要的步骤及其程序。这一具体的行为逻辑远早于纯粹的思辨或抽象的思考,而且前者所形成的心理习惯是后者的最佳准备。

关于作业的心理学所启示的另一教育论点,是兴趣在学校工作中的作用。反对在学校工作中给予儿童兴趣以重要或积极的地位,一个常见的理由是:不可能对儿童的兴趣作出恰当的选择。据说,儿童有各种各样的兴趣,其中既有好的,也有坏的,还有不好不坏的。有必要对真正重要的兴趣和琐碎的兴趣作出区分;对有益的兴趣和有害的兴趣作出区分;对过渡性或即兴的兴趣和持久永恒的兴趣作出区分。看来,我们必须在兴趣之外求得利用兴趣的基础。

毫无疑问,儿童对作业具有强烈的兴趣。到任何一所正在开展这项工作的学校走上一圈,就会对此深信不疑。在学校之外,儿童的大部分游戏都不过是复演社会职业活动的缩影和偶然的尝试。有确定的理由相信,由这些作业唤起的兴趣是相当健康、持久且真正富有教育意义的;通过给予作业一个更高的地位,我们能够获得唤起儿童自发兴趣的有效途径,或许也是最佳途径,同时能保证我们所面对的不会是单纯的娱乐、刺激或临时的活动。

首先,每种兴趣都来自某种本能或习惯,而本能或习惯最终都依赖于原初的本能。这并不是说,所有的本能都具有同等的价值;也不是说,我们没有继承在生活中需要加以改变而不是满足于原状的许多本能。但是,在作业中找到其有意识的释放和表现的本能,必定属于一种根本和永久的类型。生命活动必然将自然的材料和力量置于我们的目的控制之中,使它们为我们的生活目标服务。人类为了生活必须劳动。在工作中并通过工作,人类驯服了自然,保护并丰富了自己的生活条件。他们已经清醒地意识到他们自己的能力——他们致力于发明、计划,对获得技能备感欢欣。大致上可以说,所有的职业活动都围绕人与世界的基本关系而展开。在这个世界,他通过获取食物来维持生命,用衣服和栖身之所来保护生命和组织生活,以此为全部高级的、更富精神性的兴趣提供一个永恒的家园。认为曾经经历如此发展历史的各种兴趣必定是一种有价值的兴趣,这没有什么不合理之处。

当然,发生在儿童身上的这些兴趣,不但重现了人类过去的重要活动,而且复制了儿童当前环境中的活动。他不断看到他的父兄沉浸在这些工作中。他每天必须与这些作业的结果打交道。他所接触的事实除非参照这些活动,否则便没有什么意义。如果把它们从当前的社会生活中抽走,那么就剩不下多少东西了——不仅在物质方面是这样,在理智、审美和道德方面也是如此,因为这些在很大程度上都与作业必然地联系在一起。因此,儿童在这方面的本能的兴趣,常常受到他所见、所感和所闻的强化。由此而来的启发联想连续不断地呈现在他的面前;他的动机被唤醒了;他的能量被激发起来。再重述一遍:

认为被如此经常唤起的多方面兴趣属于有价值的、持久的兴趣,这一看法应该没有什么不合理之处。

第三,反对教育中兴趣原理的论点之一,是由于兴趣以这种或那种方式不断地搅扰儿童,破坏了连续性和彻底性,因而有打破心理系统的趋势。但是,一种作业(比如纺织作业)必然是一件连续的事情。它不但持续数日,而且持续数月和数年。它体现的不是孤立、表面的能量的骚动,而是遵循一定的普遍规则的稳定、持续的能量组织。当然,任何其他形式的作业也是如此。比如,使用工具的工场工作或烹饪工作。作业将原本孤立的、间歇性的多种冲动纳入一种统一的系统中。如果兴趣完全远离那种有规律的发展的行为模式,而不扩展为整个学校的核心,是否还能长期保证在学校工作中赋予"兴趣"原理的重要地位,倒是颇值得怀疑的。

第八章 注意力的发展

小学部门或幼儿园部门正在从事教育问题的研究。这些问题来源于想把幼儿园工作和初等学校工作紧密地衔接起来，并改革传统的教材和教法，使之适合现代社会条件和我们现在的生理学、心理学知识。

幼儿的观察和思考大部分都指向人：他们做什么，他们如何行动，他们从事什么工作，以及工作的结果是什么。幼儿的兴趣是一种个人的而非客观或理智的。其理智对应物是故事形式，而不是任务，不是有意识地界定的目标或问题——故事形式指的是精神性的东西，通过带有情感的普遍观念把各种人物、事物和事件汇聚在一起；而不是指外在的关系或想象的故事。儿童的心灵寻求整体，整体随不同的阶段而变化，行动使整体生动起来，而突出的特征则使整体明确起来——必须有尝试、活动、使用和操作的感觉——对与观念相分离的事物进行检验。对故事的形式和结构的孤立细节进行分析，既没有感染力，也不能使儿童获得满足。

现存的社会职业活动所提供的素材，可用来满足和培育这一态度。在早期阶段，儿童曾专注于家庭作业，专注于家庭成员之间的相互联系，以及家庭与外界生活的相互联系。现在他们可以自由地选择整个社会的典型作业——从儿童以自我为中心的、为自己打算的兴趣向前迈进一大步，而又仍然处理一些个人的事情和打动他的事情。

从教育理论的角度来看，下列特征应予以关注：

1. 在人的背景下研究自然的对象、过程和关系。在一年的时间里,仔细观察种子和种子的萌发生长,观察植物、木头、石头和动物的结构状态,观察地形、气候、土地和河流。教学上的问题就是指导儿童提高观察能力,培养他对生活于其中的世界的各种特征具有同情的兴趣,为以后更具体的学习提供解释性素材,并通过儿童的自发情感和思维为各类事实和观念提供传送的渠道。这样,它们就与人类的生活联系在一起了。儿童没有对这项工作的"社会的"方面、它对人类活动以及活动之间的相互依赖的关注,以及关于自然事实和力量的"科学"作出区分——因为自觉地区分人与自然是后来思考和抽象的结果。如果强行将这一区分加诸儿童,不但不能吸引他的全部热情,反而会使他感到迷乱和困惑。环境就是生活的环境;把它孤立起来,使环境单独成为幼儿的观察对象且因其自身而值得观察的对象,这样对待人性很不妥当。最终,对待自然的原本开放、自由的态度被破坏了,自然被缩减成了一堆没有意义的东西。

在对"具体"和"个人"的强调中,现在教育学理论常常忽略一个事实:一件个别的自然物——一块石头、一个橘子、一只猫的存在和表象不是具体性的保证——这是心理学的事情,不论是作为一个整体,作为兴趣和注意的自给自足的中心对于心灵的吸引力是什么东西。然而,随着外在的某种程度上消亡的观点而来的反应,经常会假定,对人具有重要意义的必需的衣服只能根据直接的人体模型制成。而我们不断看到只会使伪科学成为可能的关于一株植物、一片云或一阵雨的象征化的东西;它们不能产生对自然本身的爱,只能把兴趣转向某种感觉和情感的伴随物,并在最后放弃兴趣,任它消散、燃尽。而且,即便是通过文学的渠道接近自然的倾向,通过不满意的松树的寓言去研究松树,尽管承认需要有与人的联系,但仍然没有注意到有一条从心灵到对象的更直接的路径——直接与生活自身相连;而且,诗歌、故事和文学的描述有其作为强化和理想化的因素而不是作为基础的作用。换言之,需要做的事不是在儿童的头脑和自然之间设立固定的联系,而是让已经建立起来的联系自由、有效地运行。

2. 这马上引出了通常置于"相互关系"(correlation)名义下讨论的实践问题,即所研究的各个事件和已获得的能避免浪费的各种能力之间相互作用的问题,以及维持心理生长的统一性问题。从所采纳的观点来看,问题在于如何区分,而不是通常所理解的如何相互联系。呈现在儿童面前的生活的统一性,把不同的作业,各种各样的植物、动物和地理条件结合在一起;绘画、雕塑、游戏、建造性的工作和数字计算,都是以生活统一性的某种特征来实现心理和情感的满足的方式。在这一年中,没有在阅读和写作上投入太多的精力;但是很明显,如果认为阅读和写作是值得追求的目标,那么可以运用同样的原理。是教材的共同性和连续性在进行组织和联系,其相互关系不是通过教师运用教育手段把本身不相关的事物强行捆绑在一起就可以建立起来的。

3. 初等教育中两个得到承认的需要常常是不统一的，甚至是相对立的。需要以熟悉的、已经有经验的东西作为基础，以便继续向未知的、遥远的事物前进，这是一个基本常识。把儿童的想象力当作一个要素，至少已经开始获得认可。问题在于要把这两种因素结合起来，结束它们互相独立的局面。在第一个原理的支持之下，在对熟悉的东西和观念方面对儿童的训练已经够多的了，但却未能满足第一原理的要求。不夸张地说，其结果是双重的失败。在虚幻、神话、传说和心理想象之间没有特殊的联系。想象不是和不可能的教材有关的问题，而是在流行观念的影响下处理任何教材的建设性的方式。重要的不在于反复叙述他们已经熟悉的材料，而是要通过运用它们建立和领会以前未实现的陌生的条件来激活和启发日常的、常见的、熟悉的材料。这同样也是想象力的培养。有些作者似乎认为，儿童的想象力只有通过古代和远方的神话、传说，或只有通过编造太阳、月亮和星星的奇异故事才能得到表达，甚至求助于对全部"科学"进行神话叙述——作为满足儿童想象力的方式。但是，幸而这些东西是例外，是正常儿童的娱乐和放松，而不是他的追求。我们大多数人都知道，男孩和女孩把他们的想象力放在生活中常见的、熟悉的交往和事件上——父母和朋友、汽船和火车、绵羊和母牛、农场和森林、海滩和山峦。一言以蔽之，我们需要做的是为儿童提供一个机会，让他能和其他儿童交换他的经验、他的信息,让新的观察校正和扩展他的经验和信息;这样,他的想象就获得了发展,他将会把发现和创造当作心理的休憩和满足。

随反省注意力的发展而来的,是改变儿童教育模式上的需要和可能。在前面的段落中,我们已经关注的是作为7岁以前的儿童的标志的直接、自发的态度——他需要新的经验,他想要通过建立意象和在游戏中表达意象来弥补他的不完全的经验。这一态度是作者们所说的自发注意或非随意注意的典型类型。

儿童仅仅只是专注于他正在做的事;他所从事的作业完全吸引了他。他专心致志。因此,虽然耗用了大量的精力,但并没有有意识的努力;虽然全神贯注,却没有自觉的意图。

随着对更远目标的意识的发展,儿童需要控制自己的动作以实现这些目标①,我们也转向了所谓间接的注意力或有些作者所习惯使用的随意注意。结果已经存在于想象之中。儿童关注他面前的东西或关注他当下正在做的事情,因为它帮助他获得那一结果。就其本身而言,对象或行为可能是无关紧要的,甚至令人厌恶的。但是,由于它被认为是从属于想要得到的或有价值的东西,它便借用了后者的吸引力和注意力。

这是向随意注意的过渡,但仅仅是过渡而已。只有当儿童

---

① 这一主题在《杜威全集·中期著作》第1卷第226—229页中讨论过。——译者

以问题或疑难的方式抱有目的并打算自己去解决时,才真正过渡到了随意注意。在过渡阶段(比如说,儿童从 8 岁到 11、12 岁时),儿童导演一系列以他所要实现的某种目的为基础的过渡活动,这一目的是某种要完成或制造的东西,或要实现的可见结果;这里的问题是一个实际困难,而不是理智的疑问。但是,随着能力的增长,儿童能够把目的想象为某种要发现的东西;他能够控制他的动作和想象,以有助于探索和解答。这恰恰是反省注意。

在历史课中,存在着从故事到传记形式、从对产生的问题进行讨论到对问题系统阐明的转变。历史中经常出现引发不同意见的疑点和有待经验、思考检验的事件。但是,利用这种讨论,把它们发展成为明确的问题、让孩子领会到难点所在,让他利用自己的能力寻求问题的答案,这是理智上的显著进步。在科学中,同样也有从制造和使用照相机的实践态度向对其中所涉及的问题(为实践提供理论或解释的光学原理、角度测量等)进行智力思考的转变。

总之,生长是一个自然的过程。但是,正确地认识和利用生长却可能是智力教育方面最严肃的问题。从智力方面来说,一个人获得了反省注意的能力,且获得了把握问题和疑难的能力,他就是一个受过教育的人。他受到了智力训练——从属于头脑的能力和服务于头脑的能力。如果没有这一能力,头脑就停留于依赖习惯和外部暗示的恩惠的阶段。求助于一个几乎支配通常教育的错误,对于说明某些困难简直是于事无补。人们常常认为,只要具备恰当的意志或性情,就可以直接把注意力投向任何教材;如果不能实现,那一定是因为不愿意或不服从。把算术、地理和文法课程放在儿童面前,告诉他为了学习要关注这些课程。但是,除非在头脑里有某些疑问和疑惑作为关注的基础,否则,反省注意是不可能的。如果教材中有足够的内在的兴趣,那就会有直接的或自发的注意;但是,单单这一点不足以产生思维或内在的智力上的控制力量。如果教材本身没有吸引人的力量,那么(根据儿童的气质和训练,以及学校的惯例和期望),教师或者赋予活动以外在的吸引力,通过"使课堂饶有趣味"去获得或"贿买"学生的注意力;或者求助于对抗刺激剂(以各种方式扣分,以降级相威胁,放学后留校,私下的非难,唠叨责备,不断提醒儿童"注意听讲",诸如此类);或者,可能将这两种方法双管齐下。

但是,(1)这样获得的注意只能是部分的或分裂的;而且(2)这样的注意力总免不了要依赖于某种外在的东西——因此,一旦吸引力中止或压力释放了,也就不会再有内在的或理智的控制。此外,(3)这样的注意总是为了"学习",也即记忆那些已经准备好了的、对别人可能提出的问题的解答。确实,在另一方面,反省注意总是包括判断、推理、筹划;这意味着儿童有他自己的疑问,并积极致力于寻找和选择相关材料以解答这一疑问,考虑这种材料的意义和关系。疑问是他自己的疑问;

因此，对注意的原动力，即注意的刺激，也是他自己的；这样所获得的训练，也是他自己的——这是训练，或控制能力方面的收获；也就是一种思考问题的习惯。

传统教育过分强调把已经准备好的材料（书、实物教学课、教师的谈话等等）提供给儿童，儿童几乎只需背诵这些准备好的材料就够了，这样只在偶然的情况下才需要发展反省注意。几乎没有考虑过基本的需要——让儿童把问题看作自己的问题，这样他才能自觉地去注意以找到问题答案。获得这一自我设定的问题的条件被忽略得如此彻底，以至于随意注意的观念被彻底滥用了。如果用是否愿意付出努力来衡量随意注意——被当作需要由外来的、令人厌恶的材料来努力唤起的活动，而不是自己发动的努力。"随意"被当作是不情愿和不乐意的，而不是由个人的兴趣、洞察和能力所进行的自由的自我指导。

第九章 初等教育中历史教学的目标

THE AIM OF HISTORY IN ELEMENTARY EDUCATION

如果把历史只当作对过去的记载，那就很难找到坚持认为历史应该在初等教育课程中扮演重要角色的理由。过去就是过去，可以让死者留下来去埋葬它的死亡。当前有太多急迫的需要，未来在声声召唤着我们，儿童不应该太深地沉浸在已经永远消逝的过去中。如果历史被当作对社会生活的力量和形式的叙述，情况就不是这样了。我们总是与社会生活同行，过去和当前的区分无关紧要。不论是刚好在这里过社会生活还是在那里过社会生活，都是微不足道的。尽管如此，它总归是生活；它表现出把人们聚拢在一起和分散到四处的动机，描绘什么东西是渴求的、什么东西是有害的。不管历史对讲求科学的历史学家意味着什么，对教育者来说，它必须是一种间接的社会学——揭示社会的变化过程及其组织模式的研究。对儿童来说，现在的社会既太复杂又离得太近，无法进行研究。他找不到走出细节迷宫的线索，登不上纵览迷宫全局的制高点。

如果历史教育的目的是使儿童理解社会生活的价值，在想象中发现促进人类有效合作的力量，理解发展和进步的特征，那么，呈现历史的关键点就是让它能动起来，富有动感。一定不要把历史表现为结果或效果的堆积，或者对发生事件的单纯陈述，而是要表现为充满力量的、行动的事物。动机——也就是说动力——必须突出。学习历史不是为了堆积知识，而是为了利用知识描绘一幅人们如何行动和为什么如此行动，以及如何和为什么能建功立业或自取灭亡的生动画卷。

如果把历史想象成动态的、运动的，它的经济方面和工业方面就会受到重视。这些不过是专业术语，表达了人类不停歇地寻求解决之道的问题；怎样生活，怎样掌握和利用自然以丰富人类的生活。智慧使人不再充当自然的小心翼翼的臣仆，而是使人懂得如何利用自然力以服务于他的目的。文明的巨大进步证明了人的智慧。儿童现在生活在一个如此富裕和丰实的社会世界中，以至于不容易看出它的价值和在它背后花费的努力和思想。人类手中握有巨型设备。可以引导儿童将这些现成的资源转译成流畅的术语；可以引导他去发现人类在未能继承前人资本、工具和制造原料之前，是怎样面对大自然的。这样，逐渐地，他就可以遵循人类的发展历程，懂得人类处在那样的环境下的需求，考虑制造能使他对付自然处境的武器和工具，并能理解这些新的资源如何打开发展的新境界和带来新的问题。人类的工业史不是一个实利主义或单纯效用的事件。这是一个智慧问题。它所记载的是人类如何学会思考，如何学会考虑后果，如何改变生活的条件以使生活完全不一样的事情。它同时也是一种伦理的记录，记录人类如何坚韧不拔地创造条件以实现自己的目标。

人类怎样生活的问题，实际上是儿童探究历史材料时最感兴趣的问题。正是这一观点，把过去时代工作的人们与现在工作的人们（也是儿童每天接触的人）联系在一起，赋予儿童同情心和洞察力。

对人类的生活方式、他们必须使用的工具、他们的新发明以及被由此获得的能力和闲暇而改变的生活感兴趣的儿童,在他自己的行为中热情地重复着类似的过程,重新制造工具,复制工序,重新处理材料。由于要理解人类的困境与成就,必须考察自然的资源与限制,所以,儿童对田野和森林、海洋和山脉、植物和动物很有兴趣。通过建立人类生活于自然环境中这样的观念,儿童学习和把握了人类的生活。除非他认识了自己身边的自然力和自然形式,否则不可能进行这一复制。对历史的兴趣,为他的自然研究赋予了人性化的色彩和更宽广的意义。他的自然知识增加了他的历史研究的视点和精确性。这就是历史和科学之间的自然的"关联"。

这同一个目标,即对社会生活的深入理解,决定了历史教育中传记因素的地位。当历史素材以个人形式呈现的时候,当它集中在某个英雄人物的生活和行为的时候,对儿童的感染力最强、最生动,这是毫无异议的。当然,传记有可能写成故事集,读起来生动有趣、引人入胜,但却无助于儿童对社会生活的理解。当故事中的英雄人物与他的社会环境相分离时,当儿童不能理解唤起英雄人物的行为的社会状况及其行为对社会进步的贡献时,就会出现这样的情况。如果传记写得像社会需要和社会成就的戏剧性总结一样,如果儿童的想象力描绘出亟待解决的社会缺陷和社会问题,那么,传记就成了社会研究的一个工具。

意识到历史的社会目的，可以防止历史陷入神话、传说和纯文学的趋向。尽管我很赞同赫尔巴特学派在丰富初等学校的历史课程方面所做的大量工作，但是，他们的做法颠倒了历史和文学之间的真实关系。在某种意义上，美国殖民地历史的基调和笛福的《鲁滨逊漂流记》(*Rsbinson Crusoe*)的主题是同一个，两者都描绘了已经开化和具备一定成熟思想的人，他们都具有自己的理想和行为方式；但是，突然间除了自身一切都不存在了，于是不得不面对原始的且常常充满敌意的自然，通过纯粹的智慧、能量和坚韧的性格重新获得成功。但是，当《鲁滨逊漂流记》的故事被用作三、四年级儿童的课程时，我们不是在本末倒置了吗？为什么不让儿童去接触范围更广、力量更大、对生活价值更生动更持久的现实，而将《鲁滨逊漂流记》用作在同类问题和活动的一种特殊情况下的想象中的理想化呢？而且，不论研究一般的原始生活和北美印第安人的具体原始生活的价值是什么，为什么总是要间接地从《海华沙之歌》(*The Song of Hiawatha*)①的故事入手，而不是直接地利用诗歌为儿童先前已经从具体事例中了解到的环境和斗争的知识添加上理想化的升华的色彩呢？印第安人的生活如果不能向我们展现社会生活中某些永恒的问题和要素，它在教育方案中就几

---

① 《海华沙之歌》是美国著名诗人朗费罗(H. W. Longfellow, 1807—1882)的叙事诗。——译者

乎没有作用。如果印第安人的生活具有这样一种教育的价值，那么就应该让它通过其自身而显现出来，而不应该让它在精致的、美妙的纯粹文学形式中迷失自己。

我认为，同样的目的、对人物和社会关系的天然依赖的理解，使我们确定了年代顺序在历史教育中的重要性。最近特别重视所提到的必要性，即通过文明实际产生的连续步骤去追踪文明的发展——开始于幼发拉底河和尼罗河谷一直延伸到希腊和罗马时期等。这里所强调的关键是现在依赖于过去，而过去的每一阶段又依赖于它之前的过去。

这里，我们遇到了对历史的逻辑解释和心理解释之间的冲突。如果目标在于理解社会生活是什么以及社会生活是如何运行的，那么，儿童当然必须与在精神上接近的事情打交道，而不是关注遥远的事。理解巴比伦或埃及生活的困难，与其说是由于年代久远，不如说是它们与我们现在社会生活的目的和兴趣相去甚远。它未能充分简化，也未能充分概括，或者，至少它未能以正确的方式进行简化或概括。它是通过省略现在看来有意义的内容，而不是通过把这些要素放置在次一级的水平上来完成简化或概括的。其突出的特征，即使专家也难以把握或理解。它无疑呈现了对以后生活有帮助的要素，这些要素改变了时间长河中的事件的进程。但是，儿童还没有达到能够理解抽象的原因和特殊的贡献的程度。他所需要的，是一幅典型的关系、条件和活动的图画。在这一方面，有许多前历史的生活，比复杂的、不自然的巴比伦或埃及的生活更接近他的生活。当一个儿童能够理解制度的时候,他就能够理解每一个历史上的国家所代表的特殊的制度观念,以及它对现在复杂的制度的贡献何在。但是,只有当儿童在其他领域也能对原因进行抽象的时候,才能进入这一阶段;也就是说,当他接近中等教育阶段的时候才能如此。

这一般性的方案有三个阶段:首先是概括和简化的历史——就本来意义或时代顺序意义上而言,这很难称得上是历史,但是其目的在于赋予儿童以深入认识历史活动的洞见和对历史活动的共鸣。在这一阶段中,6岁的儿童要学习现在城乡人们所从事的各种典型的职业活动;7岁的儿童要熟悉各种发明的发展历史,以及它们对生活的影响;8岁的儿童则要接触把整个世界纳入人类景象的迁徙、探索和发现等大规模的活动。前两年的功课显然独立于任何特殊的民族或个人——也就是说,独立于任何严格意义上的历史资料。与此同时,通过为介绍个别要素而设置的戏剧化的方式,儿童们的视野得到极大的拓展。通过对大探险家和大发明家的叙述,过渡到对本地的特殊历史的叙述;本地的特殊历史依赖于生活在特定地域和时代的特定的人。

这就使我们进入第二阶段。在第二阶段,特殊群体的人们的局部环境和确定的活动在儿童处理有限的、客观的事实的能力的发展中起着重要的作用。由于芝加哥和美国是儿童能最有效地处理的局部对象,接下来的三年的素材就都直接或间接地来自这里。在这一阶段,第三年是过渡的一年,这一年开始处理美国生活和欧洲生活的联系。到此为止,儿童已经准备好不再处理一般性的社会生活,甚至不再处理他最熟悉的社会生活,而是去处理完全不同的社会生活或独特形态的社会生活;探究这一独特形态社会生活的特殊意义,以及它对整个世界历史的特别贡献。因此,下一个阶段将按照历史的时间顺序处理历史,从地中海沿岸的古代世界开始,继而是欧洲的历史,最后是美国的历史。

  这一方案不是解决问题的唯一方案。它不是思想的结果,而是年复一年的大量实验的结果。实验目的是探索如何能够有效地抓住儿童并把儿童们逐步地引向关于社会生活的原则和事实更细致、更精确的知识,以为将来专门的历史研究做好准备。

修订版译后记

《学校与社会》在杜威的著作中居有特殊地位。杜威一生著述甚丰，完成著作40种，论文700多篇。其驰名著作，多集中在心理学和哲学领域，这一本《学校与社会》是杜威在教育学领域的代表作，社会和学术影响，堪与他的心理学和哲学名著相提并论。这本著作同时也是杜威思想中期的作品，他后来的相关思想，都可以看作这一时期思想的展开。这一著作对理解杜威思想的发展，有特别重要的价值。

　　这本书是作为《杜威全集·中期著作》第一卷的一部分翻译出版的。从译定出版到现在，已经过去6年了。这6年里，作为本书的译者，我对"学校与社会"这一主题，有了比当初翻译时深刻、丰富得多的体验。回头再读这本书，更加钦佩杜威的识见，钦佩他选取的看问题的角度和解决问题的思路。在我看来，心理学和哲学，或许还应该加上社会学，是教育学的相关学科，甚至是教育学的基础。很难想象，一个里程碑式的教育家，却对心理学不甚了了，在哲学上也没有自己的见解。杜威的得天独厚在于，他不仅掌握着当时最新的心理学和最犀利的哲学，他还是这种心理学的引领者之一，这种哲学的奠基者之一。这就是说，他比那些掌握了等量的知识但却是被引领的人，具备更广阔的视野和更高超的视角——他知道这些学科在人类经验和人类知识中的位置，了解其功能和盲点。总之，他对人类知识以及这些知识所要把握的世界，有更全面更深刻的理解。这样，在杜威这里，教育就不只是一种实现既定的具体目标的活动,杜威是那种要考察和重新定义教育的目标的人,他比同时代的其他人更知道把教育安放在何处,也比其他人更知道如何在教育的目标和实现目标的手段之间调适。简言之,对于别的教育者,教育就是全部,而对于杜威,教育是社会的一部分。别的教育者,即便意识到自己的这一局限,却很少有能力超越这一局限,说到底,超越局限不是一个意愿问题,而是一个能力问题,而如果不具备如杜威一样的学术训练和知识背景,连意识到所身处的传统的局限,几乎都是不可能的。

在理智世界,罗素和杜威具有同等影响力,或许还大一些,罗素同样热衷教育,有多种教育学著作并积极投身教育实践。但众所周知,罗素对教育学的贡献远不及杜威。杜威胜出的关键,在于他始终不渝坚持不懈地亲身参与教育活动,使他的理论和实践之间形成互动,实践丰富、修正了理论,而理论提升、精炼了实践。可以说,杜威一直在阅读"学校与社会"这部大书,才会有《学校与社会》这本著作。后者始终指向前者,与其说它是一部指南,一张地图,不如说它是一个路标,地图会随地貌的改变而被修订,路标却不会。这正是杜威这本书长久的价值所在——书的具体内容有些已经落伍,还有些已被证明为错,但是它所指示的根本的方向依然正确,因此继续担负着路标的功能。

译者

2018 年 8 月 16 日